Ingo Schulze
Dresden wieder sehen

Ingo Schulze
Dresden wieder sehen

Wallstein Verlag

Inhalt

Nachtgedanken. Mythos Dresden   7

Ziviler Ungehorsam. Der 13. Februar 2010 in Dresden   20

Pegida – Die nützlichen Idioten?   29

Dialog, 30.11.2015, gegen 19.30 Uhr
Tagung zu Pegida in der ehemaligen Kapelle
des Dresdner Residenzschlosses   36

Unter falscher Flagge   39

Wie wir unsere Vergangenheit sehen,
bestimmt unsere Zukunft   44

Offener Brief an Jörg Bernig   41

Dresden wieder sehen
Dankrede zur Verleihung des Dresdner Kunstpreises
am 3. Juni 2021   57

Volker Braun:
Drei Augenblicke des Ingo Schulze   70

Nachtgedanken
Mythos Dresden

Wo stand das »Schwarze Tor« und wo das »Seetor«, wo befand sich die »Pirnaische Vorstadt« oder das »Linkesche Bad«? *Der goldene Topf* von E. T. A. Hoffmann war zu Hause bevorzugter Vorlesestoff, schließlich spielte das *Märchen aus der neuen Zeit* in Dresden. Doch die Wege des Studenten Anselmus oder jene von Fräulein Veronika Paulmann nachzuvollziehen gelang nicht, die Namen der Straßen und Stadtteile sagten mir nichts. Bei den Nachforschungen stellte sich jedoch heraus, dass sich an den beschriebenen Orten entweder nur noch eine freie Fläche befand oder etwas anderes. Deshalb versetzte die kindliche Vorstellungskraft die Figuren in ein imaginäres Dresden – an jenen sagenhaften Phantasieort, den es seit dem 13. Februar 1945 nicht mehr gab. Obwohl ich es hätte besser wissen können, war ich der Überzeugung, erst in der Bombennacht sei jenes Dresden verschwunden, in dem der Student Anselmus zwischen zwei einander bekriegende Mächte gerät.

Anselmus muss sich zwischen der Welt der Poesie und jener des bürgerlichen Alltags entscheiden: zwischen Veronika Paulmann, die mit allen Mitteln um den Studenten kämpft, seit sie in ihm einen künftigen Hofrat sieht, und Serpentina, dem grünen Schlänglein, der Tochter des Archivarius Lindhorst, der eigentlich ein Salamander ist. Oder anders gesagt: Anselmus gerät zwischen zwei Mächte, deren Schein sich von ihrem Sein unterscheidet (Fühmann). Natürlich steht der Leser auf der Seite Serpentinas, gerade weil Hoffmann uns das Fräulein Veronika in ihrer Anmut ebenso wie in ihrer kalten Berechnung, ihrem wirklichen Mut und ihrer Skrupellosigkeit, in ihrem lebensfrohen Krämergeist so eindringlich vor Augen führt. Dass Anselmus schließlich mit Serpentina nach Atlantis versetzt wird, erfüllte mich mit Befriedigung. Eine noch größere Befriedigung jedoch zog ich aus der Tatsache, dass es hier um Dresden ging und damit meine Heimatstadt zum Nabel der Welt erklärt wurde, zu einem Ort, an dem die entscheidenden Kämpfe ausgetragen werden.

Sind es Werke wie das Hoffmann'sche, die eine Stadt zum Mythos werden lassen? Was überhaupt ist Mythos?

Die in meinen Augen beste Beschreibung hat Franz Fühmann geliefert. In seinem Essay *Das mythische Element in der Literatur* heißt es: »Das Mythische ist Gleichnis für die Verschränkung dessen, was sowohl draußen wie drinnen ist, von historisch-sozialen wie von psychischen Realitäten.« Der Mythos »ist untheoretisierte Erfahrung und Bestätigung meines Erfahrens, doch dieses Bestätigen hat übergreifend auch erklärende Gewalt, wenngleich in einem besonderen Sinn: Es erklärt Dinge, die wissenschaftlich unerklärbar sind.« Mythos ist immer etwas Unabgeschlossenes, etwas, für das es keine Urfassung gibt und keine Endfassung. Mit jeder Deutung schreibt man ihn fort. Märchen sind gesunkene Mythen. Das Märchen kann wieder zum Mythos werden, wenn wir anstelle des Happy Ends die Widersprüche zurückdenken.

Darüber hinaus ist der Mythos ambivalent: »Die Anfälligkeit liegt in seinem Gleichnischarakter; der ist sein Vorzug wie seine Schwäche, und beides teilt er mit jeder Kunst. [...] Das menschliche Streben nach bequemster Erklärung der unbequemen Dinge des Alltags – und uneingestanden gerade des Innen – kann [...] zu massenhafter und gieriger Anerkennung all dessen führen, was nach dem Mund redet, um den Bart geht, Honig ums Maul schmiert – kurzum: aller Demagogie.« Wer das Gleichnis zur Gleichung fälscht, zerstört den Mythos und setzt an seine Stelle den Wahn.

Außerhalb der Literatur, außerhalb der Kunst wird die Bestimmung des mythischen Elementes komplizierter. Denn sowohl die reale Erfahrung als auch die Erfindung machen erst die Erzählung aus, die zum Mythos werden kann. Der Mythos braucht sowohl das Ereignis wie die Rede darüber. Was macht eine Stadt zu einem Mythos? Was muss mit einer Stadt geschehen, damit der Begriff Mythos – bei aller Vagheit – angemessen wirkt?

Ich war begeisterter Dresdner. Denn welche andere Stadt besaß einen weltberühmten Zwinger, eine weltberühmte Gemäldegalerie, eine weltberühmte Staatskapelle, einen weltberühmten Kreuzchor, ein weltberühmtes Grünes Gewölbe, das weltberühmte Meißener Porzellan oder so weltberühmte Schlösser wie Pillnitz oder Moritzburg? In Dresden war weltberühmte Musik, weltberühmte Kunst, weltberühmte Architektur, weltberühmte Literatur entstanden. Der Dresdner Zoo war weltberühmt für seine Menschenaffen, und der Große Garten war weit und breit der größte Garten. Vielleicht stand in Leipzig ein größerer Bahnhof, aber wenn wir Dresdner unseren Hauptbahnhof und den Neustädter Bahnhof zusammengelegt hätten ... Und natürlich war unser Fernsehturm höher als der Berliner, wenn man die Höhe über dem Meeresspiegel maß. Die Bezeichnung Elbflorenz beunruhigte mich hingegen, weil sie unterstellte, es gäbe da etwas noch Schöneres als Dresden, etwas, wovon die Dresdner Herrlichkeit nur abgeleitet wäre.

Zur Familie gehörten der Goldene Reiter, der Kreuzkantor Rudolf Mauersberger, die Trümmerfrauen, Peter Schreier und Hansi Kreische (der später von Dixi Dörner abgelöst wurde). Auch auf Manfred von Ardenne waren wir stolz. August der Starke wurde mir jedoch bald suspekt. Er hatte die Gräfin Cosel auf die Burg Stolpen gesperrt und den Alchemisten Böttger in die Meißener Burg. Die Bauern, so hörten wir in der Schule, mussten ihr kostbares Salz auf die Straße streuen, damit die Herrschaften auch ohne Schnee Schlittenpartien veranstalten konnten. Am schlimmsten aber fand ich die Geschichte mit den Dragonervasen. Zwei Vasen aus chinesischem Porzellan, die August der Starke für zwanzig Soldaten vom preußischen König kaufte – ob es pro Vase zwanzig oder insgesamt zwanzig Soldaten waren, weiß ich nicht mehr. Da ich eines Tages auch zur Armee müsste, sah ich mich selbst als einen dieser verkauften Dragoner. Was würde geschehen, wenn die Vasen auf dem Weg nach Dresden kaputtgingen? Durfte man das überhaupt wünschen?

Als ich zum ersten Mal Walter Benjamins These las, dass es kein Produkt der Kultur gebe, das nicht zugleich ein solches der Barbarei sei, dachte ich an die Dragonervasen.

Das Ritual der Sonntagsausflüge diente mir auch dazu, mich des Dresdner Glanzes zu versichern. Das Mindeste war eine Radtour nach Moritzburg. Doch zu einem wirklichen Sonntag gehörte die Autofahrt nach Pillnitz, zur Burg Stolpen oder in die Sächsische Schweiz, vor allem aber der Ausflug auf die uneinnehmbare Festung Königstein. Uneinnehmbar war sie, weil Gefangene einen Brunnen durch den Felsen geschlagen hatten und ihr somit nie das Wasser ausgehen konnte.

Die Rüstkammer im Zwinger kannte ich weitaus besser als die gegenüberliegende Gemäldegalerie. Immer wieder gingen wir auf der Brühl'schen Terrasse zu jener Stelle, an der August der Starke seinen Daumenabdruck im Geländer hinterlassen hatte. Und immer wieder standen wir schließlich vor den Trümmern der Frauenkirche (für den eigentlichen Grund, dass man die Ruine nicht antastete und die darunter verborgenen Schätze rettete, hielt ich lange die Angst vor den Gerippen, auf die man dabei stoßen würde).

Zu Weihnachten gehörte die Christmette am Morgen des ersten Feiertages in der Kreuzkirche, die mindestens zwei Sensationen bereithielt: das »Vom Himmel hoch, da komm ich her«, das tatsächlich durch ein geöffnetes Fenster hoch über dem Altar gesungen wurde, und den Auftritt der drei Könige, vor allem den des Mohren, weil dessen Schleppenträger in winzigen Schritten hinterhertänzelte.

Von meiner Mutter und den Großeltern, allesamt Neu-Dresdner, hörte ich weder den Dresdner Dialekt noch die Dresdner Legenden. Beides vernahm ich aus dem Mund einer Frau, die meiner Großmutter beim Putzen und Wäschewaschen half. Sie erzählte mir, dass bei der Bombardierung Dresdens Löwen und Tiger aus dem benachbarten Zoo im Großen Garten Zuflucht gesucht und dort neben Kindern und Frauen gelegen hätten. Sie erzählte von Tiefffliegern über den Elbwiesen, die auf die vor dem Feuer Flüchtenden mit Maschinengewehren geschossen hätten. Und sie erzählte mir, wie schön und herrlich das Leben vorher gewesen und wie schlimm alles dann mit den Russen geworden sei.

In der Schule, wenn nicht schon im Kindergarten, hörten wir von einem Soldaten der Roten Armee, der, als er die von den Faschisten in einem nassen Bergstollen versteckte »Sixtinische Madonna« erblickte, so ergriffen war, dass er alle Vorsicht vergaß und auf eine Mine trat. Er bezahlte seinen Mut und seine Feinsinnigkeit mit dem Leben.

Die Stadtrundfahrt führte uns zum alten Gericht in der Südvorstadt, in dem Kommunisten von den Faschisten gefoltert und hingerichtet worden waren, dann auch zum »Blauen Wunder«, der einzigen am Kriegsende nicht gesprengten Dresdner Elbbrücke – zwei Dresdner hatten unabhängig voneinander die Zündschnur durchschnitten.

Ein Ritual waren auch die Besuche am Sonnabendnachmittag im Dresdner Dynamostadion, das mit 34 000 Besuchern (oder waren es 36 000?) meistens ausverkauft war. Da ich bis dahin Fußballspiele nur aus dem Fernsehen kannte, war ich überrascht von der Farbigkeit der Kulisse, vor allem von dem geradezu leuchtenden Grün des Rasens und den schwarz-gelben Trikots. Allerdings vermisste ich Wiederholung und Zeitlupe. Sobald die Zahl der Opfer des »angloamerikanischen Terrorangriffs« erwähnt wurde, hatte ich als Stadionbesucher eine klare Vorstellung: 30 000 kamen zu einem Spiel gegen Wismut Aue im Dezember.

Vielleicht braucht es all diese Beispiele gar nicht, um die Vermutung auszusprechen, dass, wenn es denn so etwas wie einen Mythos Dresden gibt, dieser sich aus dem einstigen Glanz ebenso wie aus dessen Zerstörung speist. Je größer der Glanz, den wir aus dem »Ruinenwert« rekonstruierten, desto sinnloser und opferreicher erschien die Zerstörung.

Wir besaßen und hüteten zu Hause eine relativ frühe Ausgabe von Fritz Löfflers *Das alte Dresden*, das mit seinen goldenen Lettern auf schwarzem Einband als die eigentliche heilige Schrift galt. Es besaß die Bedeutung eines Reliquiars oder eines Stammbaums.

Zugleich zogen wir aus der Größe des Verlustes ein besonderes Selbstbewusstsein. Was der Stadt widerfahren war, zeichnete sie in unseren Augen vor anderen aus. Ja, die einmalige Zerstörung genügte uns nicht: Die Sentenz, dass Dresden dreimal zerstört worden sei, zuerst durch die Bomben, dann durch den maßlosen Abriss dessen, was noch übrig war, und schließlich durch den Neuaufbau, war jedem Dresdner geläufig.

Wenn es einen Mythos Dresden gab, dann war sein Herz die Ruine der Frauenkirche.

Dieser Mythos von Schönheit und Zerstörung leuchtete vor dem Hintergrund jener Stadt, die ich kannte, nur umso heller. Mein Dresden waren die endlosen Zäune und Mauern der »Russenkasernen«, die sich von Klotzsche bis hinein in die Stadt zogen. Unser Zeitalter waren die Prager Straße, die Wohnblöcke der Johannstadt, das Hochhaus am Pirnaischen Platz mit der Leuchtschrift »Der Sozialismus siegt«, jene HO-Gaststätte, die wir nur »Fresswürfel« nannten, die an Stelle der abgerissenen Sophienkirche errichtet worden war, der Kulturpalast mit dem Mosaik »Der Weg der Roten Fahne«, die »Straße der Befreiung« samt Kügelgenhaus, die Ruinen von Schloss und Frauenkirche, auch die vielen kleineren Ruinen und das Devisenhotel »Bellevue«. Irgendwie gehörte sogar der schleppende Wiederaufbau der Semperoper dazu.

Vor allem aber war der Mythos in jenen Oasen präsent, die von der Anmutung her wieder bewohnbar gemachten Ruinen glichen: das Kupferstich-Kabinett, das Albertinum, die Secundogenitur auf der Brühl'schen Terrasse, der Pretiosensaal in der Schlossruine, die Neustadt mit der Galerie Kühl, Loschwitz mit seinen Villen, dem Leonhardi-Museum, dem Künstlerhaus an der Pillnitzer Landstraße und dem Körnergarten, Blasewitz mit dem Antiquariat Carl Adler, dem Schillergarten und dem Café »Toscana«.

All das war unverwechselbar. Die heimlichen Wohnungsausstellungen von Hermann Glöckner und Gerhard Altenbourg, Barlach im Pretiosensaal, Klee im Albertinum. Es gab die Konzerte im Kulturpalast und in der Kreuzkirche. Es gab den Jazz, und es gab das Schauspiel, die Musikhochschule und die Kunsthochschule. Vor allem aber gab es die vielen Wohnungen mit ihren so ähnlichen Bücher- und Plattenbeständen.

Das mag nach glücklicher oder zumindest erfüllter Gegenwart klingen. Und vielleicht war sie es auch. Aber so hat es sich damals nicht angefühlt. Wir lebten in einem merkwürdigen Provisorium, einem Dazwischen, gerade weil der Status quo wie für die Ewigkeit gemacht schien.

Zu dem Bewusstsein, eine an Kunst und Reichtum überbordende Vergangenheit verloren zu haben, trat die DDR-typische Überzeugung, dass sich das eigentliche Leben anderswo abspielte. Die Zukunft definierte sich räumlich.

Wir lebten zwischen dem Nicht-mehr und dem Noch-nicht-dort. Wenn man das Hier und Jetzt auch nicht völlig ignorieren konnte, so versuchte man doch Distanz zu halten, sich von dem Ja/Nein zu befreien und seine Fühler in die Welt zu strecken. Jedes Ereignis, so scheint es mir im Nachhinein, beruhte weniger auf der bewussten Zuwendung zur eigenen Gegenwart als vielmehr auf der Beschwörung der Vergangenheit und der Beschwörung eines Anderswo.

Man richtete alles Streben auf die Tradition und zugleich in eine ferne, unwirkliche Zukunft jenseits der Mauer.

Ein Sinnbild dafür waren die hochästhetisch heruntergekommenen Räume (mit den riesigen verwelkten Blumensträußen) der Galerie Kühl, der letzten Privatgalerie der DDR. Die Tradition der Brücke-Künstler sowie Dix und Kokoschka waren dort ebenso gegenwärtig wie die eigentliche Kunst dieses Landes, also jene, die kaum auf einer Kunstausstellung gezeigt wurde und eher im Westen Anerkennung und Käufer fand. Und waren nicht »unsere Besten« schon längst im Westen? Wer nicht in den Westen ging, zog zumindest nach Berlin.

Man saß im Café oder im Gartenlokal, studierte die Expressionisten und sehnte sich nach Paris oder New York.

Und vielleicht war auch deshalb in Dresden das kulturelle Leben auf so merkwürdige Weise altmodisch und präsent: ob beim Flanieren vor dem Sinfoniekonzert oder auf der Brühl'schen Terrasse, ob im bewussten Festhalten an Umgangsformen, am Sie der Anrede und am Titel, an der freundlich-selbstbewussten Distanz zu allem Offiziellen. Ich empfand es immer als ein Dagegenhalten, als ein Bestehen auf Unterschieden, sogar auf Hierarchien, gegen die grassierende Gleichmacherei.

Die offizielle Propaganda, die vorgab, die im Krieg zerstörten Städte schöner denn je wiederaufzubauen, klang in Dresden einfach nur zynisch.

Merkwürdigerweise aber, so vermute ich, war es gerade das Ungenügen an der eigenen Gegenwart, die dem einstigen Glanz wie der Zerstörung Dresdens einen mythischen Aspekt verlieh. Denn das Schicksal der Stadt schien besiegelt. Die Nachkriegsbauten hatten nichts mehr mit Elbflorenz zu tun, das war nur noch Bezirkshauptstadt. Nicht einmal der Aufbau der Semperoper änderte daran etwas, ja er schien es sogar zu bestätigen: Bis heute ist das Gebäude wichtiger als das, was darin geschieht.

Letzten Herbst fuhr ich mit der Bahn von Berlin nach Prag. Ich genoss die Annäherung an Dresden: in der Ferne Meißen, dann Weinböhla und Radebeul mit den Weinbergen, Schlösschen und Villen. Als der Zug die Hansastraße überquerte, an der früher jede Tramptour begonnen hatte, und die Mitreisenden zur Tür gingen, wurde ich unruhig: Zum ersten Mal war ich ein Durchreisender.

Ich starrte aus den Fenstern, als dürfte mir nichts entgehen: der Neustädter Bahnhof, auf dem wir die Großeltern von ihrem Besuch aus dem Westen zurückerwartet hatten und von dem ich mit dem Sammeltransport zur Armee aufgebrochen war, die vielen Fahrten als Student und Besucher, immer erwartet und abgeholt, immer zum

Zug gebracht. Und dann, schon auf der Marienbrücke, der Canalettoblick! Da war sie also. Wirklich-unwirklich stand die helle Frauenkirche im schwärzlichen Panorama der Altstadt. Ich sah sie gern. Ich freute mich über diese neue Kuppel, die, wie sonst nur die Hofkirche, die Silhouette Dresdens bestimmt. War dieser Anblick nicht ein wahr gewordener Traum? An seiner Verwirklichung hatte ich keinerlei Anteil. Nicht eine müde Mark hatte ich gespendet. Unvorstellbar, dass es etwas geben sollte, das der schrecklichen Schönheit der Frauenkirchen-Ruine hätte ebenbürtig werden können.

Aus dem rechten Fenster sah ich das Ostragehege und die Tabakfabrik Yenidze, die wie eine Moschee aussah, links den in ein Hotel umgewandelten Erlweinspeicher mit einem großen Glasbau davor. Es waren immer nur Augenblicke, in denen ich etwas erhaschte und manchmal wohl mehr ahnte als sah. Das »Haus der Presse«, rechts die Friedrichstraße mit den Sandsteinlöwen vor dem »Friedrichstädter Krankenhaus«, an dessen Rückseite sich der große Neptunbrunnen versteckte und auf dessen Friedhof Pöppelmann beerdigt lag. Ich sah die Reste des Heizkraftwerks, schließlich das sogenannte World Trade Center und dann die Prager Straße, die, wie der Hauptbahnhof, eine Baustelle war. Während der Ausfahrt durch Reick und Prohlis entstand ein merkwürdiger Verdacht: War nicht gerade das, wovon man sich früher hatte distanzieren, was man hatte ignorieren wollen, war es nicht gerade das, was einen geprägt hatte, was zu einem gehörte, was das eigene Dresden ausmachte? Und war es nicht gerade das, wofür man sich heute von offizieller Seite schämte, so dass man es am liebsten ungeschehen machen – also abreißen wollte?

Ich ärgerte mich selbst über meine Melancholie, für die ich keine überzeugende Begründung fand. Wer seit über fünfundzwanzig Jahren nicht mehr in Dresden lebt, sollte sich nicht wundern, wenn ihm die Stadt fremd geworden ist.

Als ich im Januar dieses Jahres durch die Prager Straße in Richtung Frauenkirche lief, war für mich alles neu. Ich genoss das laute Sächsisch, als hörte ich es in nie gekannter Lebendigkeit. Viel hatte ich von den Demonstrationen und Auseinandersetzungen im Oktober 1989 gehört und gelesen, als es am Hauptbahnhof und auf der Prager Straße zu regelrechten Kämpfen zwischen Uniformierten und Demonstranten und zu brutalen Verhaftungen gekommen war. Die Prager Straße aus DDR-Zeiten ist noch gut zu erkennen, nur an ihren Enden wird sie länger und schmaler. Ich dachte an den 13. Februar 1983, als mehrere hundert Jugendliche aus der Kreuzkirche zur Ruine der Frauenkirche gegangen waren, um dort Kerzen aufzustellen. Ich hatte davon bei der Armee erfahren und jene dankbar bewundert, die den Mut für diese erste große Demonstration gefunden hatten. Und ich sah die Bilder vor mir, als Kohl an der Ruine der Frauenkirche sprach, den Jubel, der um ihn toste, weil nirgendwo der Westen goldener glänzte als im »Tal der Ahnungslosen«.

Je näher ich der Frauenkirche kam, umso mehr schien sie sich zu verwandeln, um dann, vom Neumarkt aus betrachtet, zu ihrer eigenen Wachsfigur zu erstarren. Was war geschehen? Ich weiß es nicht. Wie ein Bergsteiger fand der Blick dankbar an jedem alten Stein Halt – und glitt an der hellen Fassade wieder ab.

Aber war es nicht einzigartige Architektur? Der schönste protestantische Dom? Und zutiefst bewegend, auf welche Art und Weise der Wiederaufbau bewerkstelligt worden war? Ja! Ja! Ja! Aber sollte das hier wirklich das Herz von Dresden sein?

Ich umrundete die Kirche, ging ins Coselpalais, den zwischen 1998 und 2000 entstandenen ersten »Leitbau« an der Frauenkirche, wo Gänsebraten mit Marzipan überbacken angeboten wird und die Kellnerinnen und Kellner in historisch angehauchter Tracht bedienen. Wieder auf dem Neumarkt, sah ich nur noch Kulissen! Kulissen, die Häuser aus vergangenen Jahrhunderten vorstellen sollten. Wohin ich auch blickte, flatterten die mit den zukünftigen Fassaden bemalten Planen. Wo man die Häuser schon errichtet hatte, war es am schauerlichsten. Hier fiel man aus der Zeit und verlor somit auch den Ort. Ja, ich wunderte mich, dass die Leute auf dem Neumarkt nicht in historischen Kostümen herumliefen.

Vielleicht gibt es für die neue Frauenkirche doch noch die Möglichkeit zu altern, die Hoffnung, dass ihr Odem eingehaucht wird, ihr Antlitz Lebendigkeit gewinnt. Aber diese Attrappen um sie herum, »die ohne einen alten Stein uns den Fortbestand des Alten heucheln? [...] Diese Attrappen sind ein grauenvoller Spiegel unseres Mangels an Eigensein.« Franz Fühmanns Diagnose angesichts des historisierenden DDR-Bauherrengeistes Ende der Siebziger erscheint mir heute geradezu prophetisch.

Plötzlich blickte ich dankbar auf den Kulturpalast und auf die Rückfront des klobigen, unschönen Häuserriegels der früheren Thälmannstraße, nun wieder Wilsdruffer Straße, weil aus ihnen noch ein historisch fassbarer Bezug, eine konkrete Zeit sprach.

Zwischen der Seelenlosigkeit des Bau-Surrogats, das um den Neubau der Frauenkirche herum errichtet wird wie ein ewig währender Weihnachtsmarkt, und der neuen Verkaufsarchitektur, die so allgegenwärtig und von Stadt zu Stadt so austauschbar ist, wie es die Marken der Firmen sind, die sie beherbergt, gewinnen heute die geschmähten Bauten der DDR-Zeit ein markantes, ja geradezu menschliches Antlitz. Die Häuserfront des Dresdner Altmarkts, diese Melange aus Stalinismus und Barock, erscheint mir im Vergleich zu diesem neuen Potjomkinschen Dorf geradezu souverän, so wie die naiven Reliefs von Bäuerinnen und Bauern, die sich nun zwischen der Filiale von Douglas und der zurückgekehrten Firma Kreutzkamm befinden, mich plötzlich anrühren.

Was ist das für ein Geist, der aus Dresden ein Märchen machen will und es damit der Geschichts- und Gesichtslosigkeit preisgibt?

Als ich mich noch einmal umdrehe, sehe ich alte Bekannte. Der Herr Konrektor Paulmann und der Herr Registrator Heerbrand laufen durch die Stadt. Und für das Fräulein Veronika kann sich nun auch ein Traum erfüllen: Sie sitzt als Frau Hofrätin Heerbrand im Erker und schaut lächelnd auf die Elegants hinab, die, im Vorübergehen hinauflorgnettierend, sagen: »Es ist doch eine göttliche Frau, die Hofrätin Heerbrand!« Ort der Handlung – das kann man bei Hoffmann nachlesen – ist der Neumarkt. Anselmus ist nach Atlantis verschwunden. An seinem Sächsisch wird man ihn dort erkennen.

(2006)

Ziviler Ungehorsam
Der 13. Februar 2010 in Dresden

Der Zug nach Dresden fährt um 6:36 Uhr vom Berliner Hauptbahnhof ab. Bin ich ein Radikaler, ein Linker, weil ich mich trotz des Versammlungsverbots auf den Weg mache, um mich gemeinsam mit anderen dem Neonazi-Aufmarsch in den Weg zu stellen oder notfalls zu setzen? Als Demonstrant bin ich womöglich an meiner dicken Kleidung (Skijacke, Mütze) und dem Rucksack zu erkennen. Es scheint noch andere zu geben, die mit auffallend wenig Gepäck reisen. Auf der anderen Seite des Gangs sitzt eine ältere Dame in Thermohose und Pullover, nur einen Stoffbeutel und Handschuhe neben sich. Aber wie sonst soll man sich bei dieser Kälte auch kleiden?

Ich hätte jetzt gern jemanden, mit dem ich reden könnte. Ich würde vom 8. Mai 2005 in Berlin erzählen. Zum 60. Jahrestag des Kriegsendes und der Befreiung vom Nationalsozialismus hatten in Berlin rechtsradikale Organisationen einen Marsch angemeldet, der vom Alexanderplatz zum Brandenburger Tor führen sollte, dies war genehmigt worden. Wie verhält man sich als Einwohner Berlins dazu? Lange hatten wir, meine Frau und ich, nicht gewusst, was wir tun sollten. Als aber am 8. Mai die Polizei gegen Mittag verbreiten ließ, sie werde die Straße »Unter den Linden« nicht räumen, sollten sich dort zu viele Gegendemonstranten versammeln, zogen wir los, damals noch mit Kinderwagen.

Nach einigen Umwegen kamen wir über die S-Bahn-Station Friedrichstraße zu Unter den Linden und zur Schlossbrücke – und fühlten uns eigenartig: Die meisten schienen kaum zwanzig zu sein. Hier wirkten wir alt. Trafen wir auf andere »Alte«, grüßten wir uns wie Erwachsene auf dem Spielplatz. Warum, so meine damalige Verunsicherung, überlassen wir so wichtige Dinge diesen »Kindern«? Es fehlten solche Normalos wie wir, die Etablierten, die Bürger, die ihrer Bürgerpflicht nachkamen. Nach zwei oder drei Stunden und mehreren Aufforderungen der Polizei, die Straße zu räumen, wurde bekanntgegeben, dass der Marsch der Rechtsradikalen nicht stattfindet. Sie wurden wieder in ihre Sonderzüge verfrachtet und nach Hause geschickt. Dass uns Bilder von Neonazis erspart blieben, die am 8. Mai durch Berlin marschierten, war etwa tausend oder zweitausend Jugendlichen zu verdanken, von denen ein Teil wohl auch gern »Räuber und Gendarm« gespielt hätte.

Ich hatte mich immer gefragt, warum die Dresdner es zulassen, dass seit über zehn Jahren am 13. Februar Rechtsradikale durch ihre Stadt ziehen. Selbst in einer Kleinstadt wie Altenburg war es möglich gewesen (unter Mithilfe des Jenaer Aktionsbündnisses, das mit dem Oberbürgermeister von Jena und etlichen Bussen angereist war), durch Sitzblockaden diese braunen Umzüge zu verhindern.

Diesmal hatte ein Bündnis »Dresden Nazifrei« dazu aufgerufen, sich ihnen gewaltfrei in den Weg zu setzen. Es mussten nur genügend Leute kommen. Endlich war man auch in Dresden bereit, Ernst zu machen.

Doch wie reagierte der demokratische Staat? Es war weder möglich, die Versammlung der Neonazis zu verbieten, noch, sie auf eine Kundgebung zu beschränken. Möglich war aber offenbar, jene Gegenaktionen zu verbieten, die den Marsch verhindern wollten. Wer das nicht hinnehmen wollte, wurde von Medien, Parlamenten und der Justiz als Radikaler bezeichnet und kriminalisiert, Plakate wurden beschlagnahmt, Wohnungen durchsucht. Das Versammlungsrecht war gesetzlich geändert worden, und in der Presse triumphierte man, dass die Polizei jetzt

»Pepperball«-Geschosse habe, die dafür gut seien, »die Radikalen«, »die Rechten« und »die Linken«, zum Heulen zu bringen.

Man teilte die Stadt, mit der Elbe als »natürlicher Grenze«. Auf der Altstadtseite wollte man sich um 13:00 Uhr zu einer Menschenkette versammeln, auf der Neustädter Seite sollten die Neonazis bleiben und damit auch die Gegendemonstranten. Diese unter Kontrolle zu halten, überließen die Verantwortlichen der Polizei. Als Versammlungsort war den Rechtsradikalen der Schlesische Platz vor dem Neustädter Bahnhof zugewiesen worden. Dort erinnert eine Tafel daran, dass von diesem Platz aus jüdische Dresdnerinnen und Dresdner in die Vernichtungslager deportiert worden waren.

Aus den Zugfenstern sieht Dresden noch menschenleer aus – nur überall lange Kolonnen von Polizeiwagen.

Die meisten Reisenden bleiben im Zug sitzen, als er am Hauptbahnhof hält. Die anderen aus meinem Wagen gehen in Richtung Ausgang. Ich bin offenbar der Einzige, der die Regionalbahn zum Neustädter Bahnhof nimmt.

Der Schlesische Platz vor dem Neustädter Bahnhof ist zwanzig nach neun durch Gitter abgesperrt, vielleicht dreißig junge Männer stehen in der Mitte zusammen.

Die Strecke zum Albertplatz (ungefähr 400 Meter) ließe sich in Polizeiwagenlängen angeben. Als ich wenig später dort bin, kommt mir eine Art Tanz- oder Karnevalsgruppe rosa gekleideter junger Leute entgegen, die Perücken tragen, geschminkt und herausgeputzt sind und die trotz der weiter funktionierenden Ampeln auf den Platz ziehen. Ihnen folgen die anderen, die bisher dort stehen. Ich sehe Fahnen der Gewerkschaft, der action antifasciste, einer Partei, die sich MLPD nennt. Jemand singt zur Gitarre über Lautsprecher: »Keinen Fußbreit den Faschisten«. Um diese Zeit sind es hier nicht mehr als dreihundert Leute, doch es werden schnell mehr. Die Straßenbahn kommt nur noch mühsam hindurch, Autofahrer müssen einen anderen Ausweg finden. Die Polizei schließt die Straße in Richtung Neustädter Bahnhof durch einen Kordon, greift aber nicht ein.

Die rosa Sambatruppe (sie können tatsächlich tanzen) durchstreift die Ansammlung auf dem Platz mit einer Polonaise. »Unterhalten Sie sich, telefonieren Sie, tanzen Sie – aber machen Sie es bitte auf dem Platz«, ruft einer von ihnen. Der Samba-Junge hat ein Negativ-Pendant in dem unkostümierten Altersgenossen, der uns anfährt, ja anschreit: »Setzt euch, setzt euch hin, warum setzt ihr euch denn nicht, verdammt noch mal, hinsetzen!« Man würdigt diesen Schreihals, der selbst stehen bleibt, kaum eines Blickes.

Es ist simpel und mag lachhaft klingen, aber die Minute, in der man sich überwindet, auf die Straße zu gehen, wenn es nicht erlaubt ist, und dem Rückzugsimpuls widersteht und bleibt, ist die schwierigste (noch eine alte Erkenntnis vom Herbst 1989). Umgeben von mir unbekannten Menschen, stehe ich mitten auf dem Albertplatz. Ich rufe Dresdner Freunde an. Zwei von ihnen sind schon auf dem Weg, die anderen wissen noch nicht, ob sie kommen, sie wollen um 13:00 Uhr zur Menschenkette.

Zwei Mietwagen fahren auf den Platz, einer mit Lautsprecherboxen, die Ladefläche des anderen ist eine Bühne. Von der herab verkündet eine Frau, die sich nicht vorstellt, aber offenbar die Sprecherin des Bündnisses »Dresden Nazifrei« ist, dass unser Auf-der-Straße-Herumstehen eine genehmigte Kundgebung ist. Wir demonstrieren offiziell gegen das Verbot unserer Demonstration. Das Verbot der Gegendemonstration macht dieses juristische Hickhack notwendig, das eigentlich niemanden mehr interessiert.

Wichtig ist allein, wie die Polizei reagiert. Die fordert per Lautsprecher dazu auf, die Straße zu verlassen. Kurz darauf die Durchsage, dass ein 10-jähriger Junge auf einem Fahrrad von zwei Ausdauerläufern vermisst wird.

Ich komme mit einer Frau ins Gespräch, die in schönstem Sächsisch sagt: »Danke, dass Sie aus Berlin gekommen sind.« Sie telefoniert mit der Familie. Ihr Sohn hat sie für 9 Uhr hierher bestellt. Er selbst jedoch kommt offenbar nicht aus dem Bett. Es wird Musik gespielt, als Erstes der Sirtaki von Theodorakis zum Warmwerden.

Nach einer Stunde – wir sind jetzt vielleicht tausend Demonstranten – suchen die Frau und ich nach einem Imbiss oder Geschäft, in dem es etwas Warmes zu trinken gibt. Kaum haben wir die Kaffeebecher in der Hand, treffen meine Freunde ein und der Sohn der Frau.

Es gibt immer wieder Sprechchöre: »No, no, no pasarán!«, Gewerkschaftsfahnen, Fahnen der Linken, auch eine blaue FDJ-Fahne ist dabei, Jusos, attac, Bündnis 90/Die Grünen ... und zwischen allen hindurch die Polonaise der rosaroten Sambatänzer. Wichtig sind die Nachrichten über die anderen Blockaden. Die Thüringer haben eine Straße blockiert und die Berliner ebenso. Insgesamt sollen es fünf Blockaden sein.

Es beginnen die Reden. Als Erste spricht Katja Kipping von den Linken. Als Konstantin Wecker ohne Klavierbegleitung zu singen beginnt, leuchten die Scheinwerfer von zwei TV-Kameras auf. Danach eine Rednerin, die sich gegen die Diskriminierung des Bündnisses »Dresden Nazifrei« wendet, jedoch noch im selben Atemzug sagt, dass sie um 13:00 Uhr zur Menschenkette auf die andere Elbseite gehen wolle. Ein paar Buhrufe und dann über Mikrofon der Kommentar der Sprecherin des Bündnisses: Es könne ja jeder gehen, wohin er wolle, aber gerade um 13:00 Uhr sei es wichtig, hier zu sein und zu bleiben. »Wenn wir gehen, dann marschieren die Neonazis.« Sie hat Recht. Von hier aus gesehen, ist die von der Oberbürgermeisterin initiierte Menschenkette feige, eine Operettenaktion.

In der folgenden Stunde passiert nicht viel. Man steht herum und wartet. Unsere Gespräche sind kurzatmig. Das liegt an der Musik, den Reden, der Kälte, der Unruhe. Es wird kein Mut verlangt, man muss sich nicht mal auf die feuchte, dreckige Straße setzen. Ein paar Jungs haben einen Fußball dabei. Unter den mittlerweile zwei- bis dreitausend Gegendemonstranten auf dem Albertplatz sind auch ein paar angetrunkene, in der Kälte bibbernde Punks. Sie blicken um sich, als hätten sie sich verirrt.

Leere Flaschen sammeln sich um einen Laternenmast, die Papierkörbe quellen über, aber auf der Straße liegt kaum Abfall. Ein Dönerimbiss, drei Bäckerläden und ein Asia-Restaurant, das vor der Tür kocht, erleben heute den besten Umsatz des Jahres. Manchmal bewegen sich die Polizisten in ihrer Montur zum Rhythmus der Musik. Mit ihrem Beinschutz aus Plastik ähneln sie Robotern. Einige Gesichter unter den Polizisten – viele von ihnen Frauen – erscheinen mir bereits vertraut.

Wichtig sind nicht die Reden und die Musik, wichtig sind die Nachrichten von den anderen Blockaden. Wird eine aufgelöst, stehen wir völlig umsonst herum. Ein Freund schlägt vor, dass wir uns in Richtung Hansastraße auf den Weg machen, denn die Wahrscheinlichkeit sei wesentlich größer, dass man die Neonazis aus der Stadt ziehen lasse und die Blockade dort als erste auflösen werde.

Das Laufen tut gut, aber schon nach ein paar hundert Metern ist Schluss. Eine Polizistin, den schwarzen Helm vor dem Bauch, sagt, dass sie uns nicht durchlassen kann, »und Hansastraße ist jetzt gerade ganz schlecht«. – »Und wenn wir jetzt sagen, dass wir zu der Nazi-Demonstration wollen, lassen Sie uns dann durch?« – »So sehen Sie aber nicht aus, als wollten Sie dahin.« Ein paar Mädchen mit Rucksäcken werden von einem Polizisten im Gänsemarsch durch die Sperre geführt. »Wie muss man denn aussehen?« – »Gehen Sie bitte weiter.«

Es bleibt jetzt nur zu hoffen, dass sich an den anderen Stellen von Beginn an genügend Gegendemonstranten versammelt haben. Wegen unseres Ausfluges verpassen wir die Rede des Jenaer Oberbürgermeisters Albrecht Schröter, eines Sozialdemokraten, der mit mehreren Bussen des Jenaer Aktionsbündnisses hier ist. Sie sind geschult in Sitzblockaden und in aller Regel immer schon dort, wohin die Neonazis erst wollen. Nach ihm spricht Franziska Drohsel, die Juso-Vorsitzende. Sie sind mit etlichen Bussen aus Berlin angereist, besetzen auch eine Straße. Sie berichtet von einem Angriff der Neonazis auf ihre Gruppe – »wir sind weggerannt, etwas anderes blieb uns nicht übrig«. Aber jetzt sind sie viele, und die Polizei ist offensichtlich auch in der Nähe.

Die Polizei ruft in größeren Abständen immer wieder dazu auf, den Platz zu räumen. Die bisher gebilligte Demonstration gegen das Versammlungsverbot ist mittlerweile nicht mehr geduldet. Nach einigem Hin und Her erklärt sich die Versammlung zum Volksfest. Wenn die Polizei räumen wollte – es sieht nicht danach aus –, müssten sie zwei- oder dreitausend Menschen von diesem Platz tragen und daran hindern zurückzukommen. Die rosa Sambatruppe macht immer nur mal eine Zigarettenpause, dann geht es weiter. Gegen 15:00 Uhr wird es unruhig. Etwa hundert Jugendliche kommen angerannt, schwarz gekleidet, viele tragen ein Rotkreuzpäckchen am Gürtel, das auf mich wie ein modisches Accessoire wirkt. Von Norden her sollen ungefähr tausend Neonazis zum Bahnhof gebracht werden. Zwischen 15:00 Uhr und 16:00

Uhr scheint es sich dann zu entscheiden, ob die Neonazis marschieren können oder nicht. Und da nichts geschieht und die »Blockaden stehen« (der rechtsradikale »Trauermarsch« ist nur bis 17:00 Uhr genehmigt), breitet sich allmählich das Gefühl aus, dass die Aktion geglückt ist. Die Stimmung wird ausgelassener. Ich sehe die alte Dame aus dem Zug wieder. Ich zupfe sie am Ärmel. »Wir sind ziemlich früh aufgestanden«, sage ich. »Das war es mir wert«, antwortet sie. Die beiden Damen, in deren Begleitung sie ist, entpuppen sich als Bekannte meiner Mutter.

Die ersten Demonstranten von der Menschenkette, die man nach einer Kontrolle über die Brücke aus der Altstadt in die Neustadt lässt, sind erstaunt, wie friedlich es hier zugeht – »gar nicht militant, das haben wir ja nicht gewusst!«. In den Dresdner Zeitungen wurde vor dem Betreten der Neustadt gewarnt wie vor einer vom Bandenkrieg brennenden Favela.

Die Menschenkette, so ist man sich schnell einig, hätte auf diese Seite der Stadt gehört. Und einig ist man sich auch in der Ablehnung des demagogischen Radikalen- und Rechts/Links-Schemas, in das man als Demonstrant gepresst wird. Denn dieses Denken teilt nicht nur die Stadt. Das dürfen wir nicht mit uns machen lassen.

Man muss die Stadtregierung auffordern, die Blockaden, also den konkreten Protest zu unterstützen. Eine Menschenkette hält niemanden auf. Wir müssen handeln, nicht nur Zeichen setzen. Warum kann sich die Dresdner Oberbürgermeisterin nicht so verhalten wie ihr Kollege aus Jena? Wir wären vereint in Antifaschismus und Gewaltlosigkeit! Das würde es auch der Polizei leichter machen. Diejenigen, die es per Gesetz gar nicht hätte geben dürfen, haben durch ihren zivilen Ungehorsam und durch Gewaltlosigkeit erreicht, dass es zum ersten Mal keinen Marsch der Rechtsradikalen durch Dresden gibt.

Kurz nach vier brechen wir auf in Richtung Hauptbahnhof. Auf der Altstadtseite der Augustusbrücke werden diejenigen, die über die Elbe in Richtung Albertplatz wollen, kontrolliert. Wir dürfen unbehelligt passieren und gehen durch das Georgentor zwischen Hofkirche und Fürstenzug am Schloss vorbei in Richtung Altmarkt. Hier wie auch später auf der Prager Straße scheint es ein Sonnabendnachmittag wie jeder andere zu sein. Nur weniger Autos sind unterwegs. Erst auf dem Hauptbahnhof begegnet uns wieder Polizei. Als ich zum Bahnsteig will, werden vor mir vier Jugendliche mit Strickmütze und Palästinensertuch zurückgewiesen. Ich frage, warum ich passieren darf und sie nicht. »Gehen Sie weiter«, sagt der Polizist. »Lassen Sie nur«, sagt einer der Jugendlichen zu mir, »das sind wir gewöhnt.«

(2010)

Pegida – Die nützlichen Idioten?

Wenn ich nicht wüsste, dass PEGIDA »Patriotische Europäer gegen (die) Islamisierung des Abendlandes« bedeuten soll und ich stattdessen wüsste, dass PEGIDA auf die Vornamen von drei politisch engagierten Freundinnen anspiele (PEtra, GIsela, DAgmar), die Montag für Montag eine Demonstration organisierten – ich wäre voller Sympathie und Interesse und würde hingehen. Denn auf die Frage, warum wir in Deutschland nicht viel häufiger auf die Straße gehen, um gegen die Zumutungen der Politik zu demonstrieren, habe ich keine Antwort.

Als ich mich kurz nach 18 Uhr in warmer Kleidung dem Sammelpunkt in der Nähe des Deutschen Hygiene-Museums nähere, bin ich irritiert. Die Stimmung hat etwas von einem Männertagsausflug im Winter. Ich sehe tatsächlich fast nur Männer, die meisten sind noch älter als ich. Die Jugend fehlt hier, sagt vorwurfsvoll einer der Alten. Die Jugend habe noch nicht kapiert, dass es ja hier um ihre Zukunft gehe. Viele sind, so wie ich, nicht aus Dresden, sondern anderswoher angereist. Immer mehr Fahnen werden herangetragen, Deutschland-Fahnen und die Fahnen der Bundesländer. Auf einem Plakat steht: »Lieber heute aufrecht für Pegida als morgen auf Knien gen Mekka.« Ihre Sorgen möchte ich haben, würde ich am liebsten sagen. Aber wir stehen zu dicht, als dass ich sehen könnte, wer das Plakat trägt. Nur ich bin allein hier, alle anderen sind wenigstens als Paar gekommen, fast alle in Gruppen. Als der erste Sprecher zu reden beginnt, setzt schon bald nach den ersten Sätzen ein Sprechchor ein: »Wir sind das Volk! Wir sind das Volk!« Mir fiel es schon im Oktober 1989 schwer, in Sprechchöre einzustimmen. Wenn der Redner etwas sagt, was er missbilligt, gibt es

Pfui!-Rufe, lobt er etwas (»Dresden zeigt, wie's gemacht wird!«), beginnen gleich wieder die WirsinddasVolk-Rufe. Sie machen mir eine Gänsehaut. Trotzdem ist mir, als riefe jemand meinen Namen, meinte aber einen ganz anderen. Irgendetwas stimmt nicht. Ist es die Heiterkeit, die fehlt, die Heiterkeit und Offenheit, die es 1989 trotz der Angst, die jede und jeder überwinden musste, gab? Ist es der fehlende Sprachwitz, die fehlende Lust im Protest? Als der Wind wieder die Deutschlandfahnen flattern lässt und aus den Lautsprechern die Wörter Volk und Heimat scheppern, begreife ich mit einem Mal, dass ich die ganze Atmosphäre schon kenne! Aber woher nur? Ja, so war es schon Ende 1989 und dann vor allem 1990, als die einen immer noch riefen: »Wir sind das Volk!«, aber die anderen, die dann die Wahlen gewannen, riefen: »Wir sind ein Volk!« Ich würde gern mit Petra, Gisela und Dagmar reden. Ich würde ihnen gern sagen, dass hier etwas falsch läuft.

Dann höre ich den Forderungen zu, die bisher von der Presse, so sagt der Redner, nicht zur Kenntnis genommen worden seien. Sofort skandieren Tausende: »Lügenpresse! Lügenpresse!« Dann wieder der Redner. Erstens: qualitative Zuwanderung statt quantitativer, zweitens: Integrationspflicht für Ausländer, drittens: keine Einreise mehr für Dschihadisten, viertens: Volksentscheide, fünftens: ein gutes Verhältnis zu Russland, sechstens: mehr Geld für die Polizei. Ich wundere mich über den Applaus und die Bravo-Rufe. Petra, Gisela, Dagmar, möchte ich sagen, das geht doch so nicht. Qualitative Einwanderung bedeutet, andere Länder bezahlen die Ausbildung unserer Spezialisten. An unsere Gesetze müssen sich alle halten, aber eine Integrationspflicht verstieße gegen das Grundgesetz. Dschihadisten müssen schon längst mit Verhaftung rechnen. Und Volksentscheide werden nicht erst seit heute gefordert. Und dafür, dass die Berichterstattung in Sachen

Russland einseitig war, gibt es immerhin Entschuldigungen ... Aber wie kommt es, möchte ich Petra, Gisela und Dagmar fragen, dass diese sechs Punkte Woche für Woche immer mehr Menschen mobilisieren? Der Redner spricht von der Angst vor »Überfremdung«, und zugleich fordert er die Demonstranten auf, am folgenden Montag »integrationswillige und sogar herzliche Muslime«, die ja fast jeder kenne, mitzubringen. Aber, Petra, ob sich das die herzlichen Muslime auch trauen? Und wenn deren Ehefrauen und Töchter Kopftücher tragen, was dann, Gisela? Und wenn ich schon mal beim Fragen bin, Dagmar, es kann doch nicht sein, dass es diese sechs Punkte sind, derentwegen die Demonstranten hier so enthusiastisch und so wütend und empört sind. Sind es diese sechs Punkte, die Woche für Woche Tausende auf die Straße treiben? Einige Demonstranten sagen selbst, diese Forderungen seien zu dünn, das sei keine Basis zum Weitermachen. Aber man weiß wohl selbst nicht recht, was man fordern soll. Neuwahlen? Den Rücktritt von Merkel? Eine Bestrafung der »Lügenpresse«? Einer sagt: »Immer denke ich, am nächsten Montag tue ich mir das hier nicht an, aber spätestens am Mittwoch habe ich schon wieder so viel Wut, dass ich es kaum erwarten kann.«

Dann spricht »unsere liebe Kathrin«. Ich überlege, an welcher Stelle ich die zwei ersten Buchstaben ihres Namens integrieren könnte: KaPeGiDa oder PeGiDaKa? Oder GiDaKaPe? Ich erwarte, dass unsere liebe Kathrin jetzt deutlich werden wird. Sie wird jetzt das sagen, was ihr Vorredner versäumt hat und weshalb wir alle hier sind: Sie wird davon sprechen, dass mit dem Ausbruch der Finanz- und Bankenkrise im September 2008 offensichtlich wurde, dass das Gemeinwesen die Geisel jener ist, die jahrelang exorbitante Gewinne eingesteckt haben und einstecken. Gleich wird sie sagen, dass die zunehmende

Polarisierung der deutschen Gesellschaft Existenzängste schürt, die Polarisierung der Welt in Arm und Reich jede Minute Menschen sterben lässt. Kathrin wird sagen, dass die sogenannten Freihandelsabkommen der EU mit den USA und Kanada (TTIP und CETA) wie auch ähnliche Abkommen die Widersprüche zeichenhaft bündeln und eine nicht hinnehmbare Überantwortung von politischer und rechtsstaatlicher Souveränität an Konzerne bedeutet, ein erneutes Einknicken der Politik vor jenen, die den eigenen Profit über alles stellen. Sie wird jetzt gleich über Snowden und den ganzen NSA-Komplex sprechen, über die Foltergefängnisse der CIA und über die rasante Verarmung in einem Land wie Griechenland, in dem schon ein Drittel der Bevölkerung keine Krankenversicherung mehr besitzt. Und dann wird sie von der Verantwortung Europas sprechen, von unserer Verantwortung, weil sich kein Konflikt dieser Welt verstehen lässt ohne die Geschichte des Kolonialismus und des Kalten Krieges und des Neokolonialismus. Sie wird sagen, dass es eine Schande ist, wie wir mit Flüchtlingen umgehen. Und wie lächerlich unsere Entwicklungshilfe ist angesichts der EU-Agrarsubventionen. Es gibt viel zu viel zu sagen. Es ist wichtig, wird sie am Ende rufen, auf die Straße zu gehen und die Politik zu zwingen, im Sinne des Gemeinwesens und nicht des Profitstrebens zu handeln, solidarisch und menschlich und nicht egoistisch und bürokratisch.

Aber so aufmerksam ich auch hinhöre – nichts von alldem sagt unsere liebe Kathrin, gar nichts. Überhaupt ist es schwer zu wiederholen, was sie sagt. Meinungsfreiheit, unser schönes Dresden, Volk und vor allem ihre Enttäuschung über einen Herrn Kaiser, Roland Kaiser, der Schlagersänger ist gemeint, der in Dresden noch weltberühmter als anderswo ist. Der muss etwas gesagt haben, das Kathrin ins Herz getroffen hat. Er hat gesagt, dass man statt Angst

Neugier haben soll und solche Sachen. Roland Kaiser hat offenbar auf der offiziellen Gegendemo die stärkste Rede gehalten. Über den sächsischen Ministerpräsidenten, der immer nur von Polizei sprach und von mehr Polizei und von besserer Polizei und dann sogar von »Juden, Muslime, Sachsen«, kümmert sich hier offenbar schon lange niemand mehr. Und das ist zumindest ein Problem.

Der politisch unklare und mulmige Protest der Straße passt in gewisser Weise auch zu der Situation im Bundestag. Hatten auch früher schon die Auseinandersetzungen im Parlament letztlich keinen Einfluss auf die Entscheidungen, so ist der parlamentarische Wettstreit durch die Große Koalition aus CDU/CSU und SPD nun völlig marginalisiert. Der Widerspruch zur Regierungspolitik ist entweder zahm (die Grünen haben ihren sozialen Gleichheitsanspruch und ihren Pazifismus fast völlig aufgegeben), oder er wird kaum wahr- oder ernst genommen (der Linken, sofern sie nicht über ihre eigenen Beine stolpert, weht medial der Wind immer ins Gesicht). Diese undialogische Art, mit der die gewählten Vertreter entscheiden und sich im Zweifel eher dem Fraktionszwang beugen, als sich den Versprechungen des Wahlkampfes verpflichtet zu fühlen, führt zu einer weiteren Entfremdung zwischen Politik und Bevölkerung. Wie erstarrt, wie sprach- und hilflos die gewählten Vertreter agieren, wird in Dresden auf der Ebene der Landes- und Kommunalpolitik greifbar.

Und dann sind die Reden schon vorüber. Und ich denke, jetzt ziehen sie alle los und haben gar keine Forderungen, die wirklich etwas mit ihrem Leben und ihrer Unzufriedenheit zu tun haben. Gibt es denn in der Gedanken- und Gefühlswelt dieser Demonstranten keine Worte dafür? Offenbar fehlen die geeigneten Begriffe: An die Stelle von *Gesellschaft* tritt *Volk*, statt von sozialer Ungerechtigkeit zu sprechen, prangert man jene an, die angeblich arbeitsscheu sind oder als Ausländer von unserem Erarbeiteten leben wollen, der permanente Kniefall der Politik vor den Forderungen der Wirtschaftslobby wird auf die Fremdbestimmung von Brüssel reduziert etc. etc.

Für konservative und regierende Parteien sind Pegida-Demonstranten eine bequeme Opposition, denn die eigentlichen Fragen werden nicht gestellt. Pegida sind die nützlichen Idioten. Mit dem Hinweis auf sie können Gesetze verschärft und kann grundsätzliche Opposition diskreditiert werden.

Aber die Gegendemonstranten sind auch keine Hilfe, zumindest keine, die unsere Probleme besser formulierte. Als zwanzig, dreißig junge Leute Polizei und Demonstranten überrumpeln, sich auf die Straße setzen als lebende Blockade und skandieren: Esgibt-keinRecht-aufNazipropaganda, umstellt die Polizei sie, ein Ausreißer wird ziemlich unsanft eingefangen.

Etwas verzögert wälzt sich der Strom der Demonstranten an ihnen vorbei. »Gäht erst ma orbeeten!« (Geht erst mal arbeiten!), rufen sie und: »Wir sind die Mehrheit, ihr seid zu wenig!«, was zumindest hier stimmt. Es gibt Gruppen unter den Demonstranten, denen möchte man tatsächlich zurufen, was die Blockierer rufen, die zum Glück von der Polizei geschützt werden. Trotzdem greifen die Vorwürfe der Gegendemonstranten zu kurz. Manche halten den Blockierern Plakate hin, die diese auch selbst gemacht haben könnten: »Keine Waffenexporte! Keine Flüchtlinge«, »Volksabstimmung über NATO und EU«. – Und plötzlich entsteht in mir ein Verdacht: Wenn sich beide Seiten nicht im feindlichen Gegeneinander erschöpften (ohne Polizei würden nicht wenige Gruppen aufeinander losgehen), sondern wechselseitig ihr Unbehagen am Status quo artikulierten – wie groß wäre die Zahl der Gemeinsamkeiten? Ich vermute, überraschend hoch, obwohl ich nicht die Hoffnung habe, Pegida würde ihren Namen bald als Petra, Gisela und Dagmar deuten.

Diese drei Damen traf ich dann allerdings tatsächlich noch, leider nicht in Dresden, sondern sechs Tage später, am Samstag in Berlin gegen 12 Uhr am Potsdamer Platz. Mit ihnen waren fünfzigtausend Demonstranten gekommen, doppelt so viele wie in Dresden. Und jetzt kam all das zur Sprache, was ich in Dresden vermisst hatte – und noch einiges mehr. »Lieber gegen TTIP demonstrieren als mit Pegida flanieren!« Und während sich der Demonstrationszug in Richtung Kanzleramt in Bewegung setzte, dachte ich: Das müssten sie sehen, die Pegida-Dresdner und ihre Befürworter und ihre Gegendemonstranten. Aber von dieser Demonstration sah und hörte und las man nichts – und wenn doch, glaubte man, dort demonstrierten die Bio-Bauern. Alle Journalisten, mit denen ich in den letzten Tagen sprach, wussten kaum, was ich meinte, wenn ich die fünfzigtausend (oder mehr) Demonstranten erwähnte, die ohne nennenswertes Polizeiaufgebot gegen die Politik der Bundesregierung auf die Straße gegangen waren. Hier wurde die Alternative sichtbar. Politik und Medien hätten nur hinhören und hinsehen müssen. Ja, müssen. Dass dies nicht geschah, darüber wundere ich mich – auch wenn mich Petra, Gisela und Dagmar dafür vielleicht belächeln.

(2015)

Dialog, 30.11.2015, gegen 19.30 Uhr
Tagung zu Pegida in der ehemaligen Kapelle
des Dresdner Residenzschlosses

Mann, Mitte zwanzig: Ich hätte mal ne Frage, und zwar an Herrn Schulze, weil der sagt, dass wir hier von Pegida keine Kultur hätten ...

Ich, 53: Moment, ich habe gesagt, dass Sie ständig von Abendland und Europa und Kultur reden, aber es kaum bis zum Ende der ersten Strophe eines Weihnachtsliedes schaffen ...

M: Na, gut. Aber was sagen Sie denn dazu, dass zurzeit eine Million Subjekte illegal nach Deutschland kommen und dabei sind, unsere deutsche Kultur zu zersetzen.

(Mehrfaches Gebuhe aus dem Publikum, der Moderator: Auf so einem Niveau wollen wir nicht diskutieren!)

S: Was meinen Sie denn mit »zersetzen«, mit »Kultur zersetzen«?

M: Da kommen täglich Tausende, jetzt schon über eine Million, und zersetzen unsere Kultur.

S: Was heißt aber denn »zersetzen«? Und was bedeutet für Sie Kultur? Kultur besteht doch gerade aus ganz unterschiedlichen Beziehungen, die eingegangen werden. Sie beruht auf Anregung und Austausch, das war schon immer so, auch in Deutschland. Sie wissen doch selbst, wie viel wir Griechen, Römern, Arabern oder Franzosen verdanken ... Und wenn ich von meinen Büchern ausgehe, die sind undenkbar ohne die russische Literatur, ohne die amerikanische ...

M: Kann ja sein, ich hab noch nie von Ihnen gehört, ich hab noch nie was von Ihnen gelesen, aber die Million Subjekte, die jetzt illegal gekommen sind, die sind fremd, islamistisch, eine Bedrohung für das deutsche Volk ...

(Publikum buht lauter. Moderator: Wir brechen das jetzt hier ab, eine Diskussion auf diesem Niveau ...)

S: Bitte behalten Sie das Mikrofon. Wir verbünden uns jetzt ... Wir haben jetzt die Mikros und reden. Ich will von Ihnen wissen, was für Sie die deutsche Kultur ist und wie das vor sich geht, was Sie mit »zersetzen« meinen. In Berlin zum Beispiel – was wäre Berlin ohne diejenigen, die Sie »fremde Subjekte« nennen. Natürlich ist das nicht immer Friede Freude Eierkuchen, aber trotzdem wäre Berlin undenkbar ohne diese enorme Bereicherung, das ist gar nicht mehr vorstellbar ...

M: Das mag für Sie in Ihrem Multikulti-Berlin so erscheinen, aber wir hier in Dresden, wir sehen das anders. Wir haben hier noch eine klare Vorstellung, was deutsche Kultur bedeutet.

S: Ich komme aus Dresden, ich bin hier geboren und aufgewachsen.

M: Das wusste ich nicht. Aber die schlechten Erfahrungen, da in Berlin ... diese Million fremder Subjekte. Die wollen doch nur das, was sich das deutsche Volk erarbeitet hat ...

(Moderator: Ich breche jetzt die Diskussion hier hab. Dem jungen Mann wird das Mikrofon weggenommen.)

S: Schade, ich finde das jetzt wirklich schade ...

Nach dem Ende der Diskussion sind Publikum und Referenten dabei, den Saal zu verlassen. In einer der hinteren Stuhlreihen steht noch der junge Mann zusammen mit anderen. Ich gehe zu ihnen.

Ein Begleiter des jungen Mannes: Guten Tag, Herr Schulze (streckt mir die Hand entgegen, auch der junge Mann gibt mir die Hand).

S: Schade, ich muss jetzt zum Zug. Ich hätte gern mit Ihnen gesprochen. Aber ich hab so ne Zugpreisbindung ...

M: Hier haben sich ja alle mächtig lieb. Und wir sind alle so gut. Da passt das nicht, wenn man die Wahrheit sagt.

S: Ich weiß nicht, was Sie jetzt mit Wahrheit meinen. Was haben Sie denn in Berlin erlebt? Was macht Sie denn so wütend?

M: In Berlin – so gut kenne ich mich da auch nicht aus.

S: Ja, gut, wer kennt schon alles von Berlin. Mich interessiert nur, was Sie meinen.

M: Na ja, wenn man so öffentlich redet, da übertreibt man halt ein bisschen. Das machen Sie doch bestimmt auch. Das machen alle.

S: Eigentlich nicht, ich hoffe nicht. Aber ich wüsste einfach gern, warum Sie das sagen, welche Erfahrungen dahinterstecken. Was ist Ihnen denn Schreckliches in Berlin widerfahren?

M: Wie gesagt, so oft war ich ja auch nicht in Berlin …

(Ich und der zweite junge Mann sehen ihn an und warten, dass er weiterspricht …)

Begleiter: Und, sag doch mal!

S: Und hier in Dresden? Was haben Sie da mit Fremden erlebt?

M: Na ja, hier gibt's ja keine – oder eben kaum.

(Ich und der andere sehen ihn wieder an. Dann verabschiede ich mich. Die beiden jungen Männer gehen zur Pegida-Kundgebung auf den Theaterplatz. Ich versuche, zum Neustädter Bahnhof zu kommen. Aufgrund der Straßensperrungen für die Demonstration verpasse ich dann doch meinen Zug.)

(2015)

Unter falscher Flagge

Als mir Mitte Februar dieses Jahres ein Dresdner Buchhändler kopfschüttelnd die Ankündigung der Reihe »Exil« zeigte, hatte ich das abgetan. Es war dasselbe Muster bei der Vereinnahmung von Begriffen wie schon bei dem der »Charta«, nur dass die Anmaßung und Selbstüberhebung noch ein Stück weiter geschraubt wurde. Sollte man auf diese Provokation überhaupt eingehen? Sie durch Widerspruch aufwerten? Erledigte sie sich nicht von selbst?

Etwas später wies ein Dresdner Kollege, der auch als Journalist arbeitet, öffentlich darauf hin, dass die Premiere der Reihe »Exil«, in der jeweils ein Buch von Jörg Bernig, Monika Maron und Uwe Tellkamp erschien, an einem 7. März stattfand, jenem Tag, an dem 1933 die erste Bücherverbrennung der Nazis stattgefunden hatte, und das in Dresden. Ich war bereit, diesen Bezug für eine Unachtsamkeit oder einen dummen Zufall zu halten. Es machte allerdings den Reihentitel nicht besser. Derselbe Kollege hatte für den mdr über die Premiere der Reihe berichten wollen, war aber mit der Begründung, »solche Leute wie Sie brauchen wir hier nicht«, daran gehindert worden.

Überraschend fand ich, dass vier der im Buchhaus Loschwitz erschienenen Essays von Monika Maron bereits bei S. Fischer vorlagen. Auch die anderen Essays waren keine Erstveröffentlichungen. Und natürlich braucht Monika Maron nicht das Buchhaus Loschwitz, um ihre Texte zu veröffentlichen. Bei dieser Publikation, so ließe sich deshalb schließen, geht es weniger um den Inhalt der Texte, die eben bereits Teil von öffentlichen Diskussionen waren und sind. Es geht offenbar vor allem um die bekenntnishafte Geste.

Wie man diese Geste bewertet, hängt von vielen Dingen

ab, nicht zuletzt davon, was man vom Buchhaus Loschwitz hält und in welcher Nähe oder Verbundenheit man es zum Verlag Antaios sieht.

Zu Susanne Dagen und ihrem Mann Michael Bormann hatte ich bis zu ihrer sogenannten Charta 2017, ein gutes und auch herzliches Verhältnis. Und vielleicht hätte unsere Beziehung sogar die ominöse Charta überstanden, wäre danach nicht der Schulterschluss mit dem Verlag Antaios erfolgt. Das bedeutet nicht, dass ich nicht mehr mit Susanne Dagen oder Michael Bormann sprechen und, was nun naheliegender ist, mich mit ihnen streiten würde, allerdings nicht in ihrer Loschwitzer Residenz.

Wer heute in eine Buchhandlung geht, um den neuen alten Essayband von Monika Maron zu bestellen, bekommt ihn nicht, wie ihre anderen Bücher, am nächsten Tag geliefert, denn die Grossisten führen den Titel nicht. Man kann ihn über das Buchhaus beziehen, auch über den Verlag Antaios und mindestens eine andere Plattform. Amazon leitet nur weiter ans Buchhaus. Mein Ansinnen, die Essays trotzdem bestellen zu wollen, ließ den Buchhändler kurz zögern. Er tat es dann doch, schließlich habe Monika Maron hier mal gelesen und die Texte sollten für jeden verfügbar sein.

Die für ein Internetpublikum veranstaltete Talk-Runde »Aufgeblättert – zugeschlagen: Mit Rechten lesen« hat zwei ständige Gastgeberinnen: Ellen Kositza, hinter deren Namen in Klammern vermerkt ist: »Verlag Antaios, Literaturredakteurin der Zeitschrift Sezession«, und Susanne Dagen vom Buchhaus Loschwitz. Dazu kommt jeweils ein anderer Gast. Es ist, so steht es im Abspann, ein »Gemeinschaftsprojekt von: BuchHaus Loschwitz/Verlag Antaios«. Die Namen dieser beiden Verlage erscheinen auch, nachdem die Besprechung eines Buches beendet ist, unterlegt von Klaviermusik. Ohne auf die literarischen Beurteilungen einzugehen, muss man festhalten, dass diese Sendung einem gewöhnungsbedürftigen Humor huldigt, wenn sie, wie beispielsweise in ihrer Juli-Ausgabe dieses Jahres, den Sprecher der rechtsextremistischen »Identitären Bewegung Österreich« Martin Michael Sellner als »österreichischen Literaturpapst Robert Wagner« vorstellt. Sellner erhielt von dem Christchurch-Attentäter eine Spende von 1500 Euro, stand mit ihm nachweislich in Kontakt und vertritt die These vom sogenannten Großen Austausch, die wiederum in den Büchern des Verlages Antaios (beispielsweise bei Renaud Camus, *Revolte gegen den großen Austausch*) propagiert wird. Es lohnt sich, mehr über Sellner zu lesen. In Dresden kennt man sein Gesicht, dort spricht er auf den Pegida-Demonstrationen. Die Internetgemeinde bringt in den Kommentaren zur Sendung komplizenhaft ihre Freude zum Ausdruck, »Robert Wagner« endlich mal kennenlernen zu dürfen. Wer außerhalb Dresdens lebt und nicht der rechten Szene angehört, wird von dem Doppelspiel nichts mitbekommen und nur einen freundlichen jungen Mann sehen, der begeistert über Lutz Seiler spricht. Man ist schon beinah erleichtert, in der Oktober-Sendung jemanden zu erleben, der mit seinem tatsächlichen Namen vorgestellt wird und tatsächlich »nur« die Cartoons für das Magazin »AfD-Kompakt« zeichnet.

Freundschaften und Loyalitäten sind Privatsache. Wer sich aber den Verlag Antaios zur Zusammenarbeit unters Dach holt, arbeitet nicht einfach nur mit einem Verlag zusammen, sondern mit den Ideengebern und Beratern des sogenannten »Flügels« der AfD und ihren Galionsfiguren Björn Höcke und Andreas Kalbitz. Der Flügel ist mittlerweile verboten, das sogenannte Institut für Staatspolitik, das wie der Verlag in Schnellroda, einem »Rittergut« im Saalekreis (südöstliches Sachsen-Anhalt), beheimatet ist und teilweise in Personalunion mit dem Verlag betrieben wird, wurde im Frühjahr als rechtsextremer Verdachtsfall eingestuft. Björn Höcke äußerte noch Anfang März bei einem Treffen des Flügels in Schnellroda (und natürlich im Beisein von Antaios-Verleger und Berater Götz Kubitschek) die Hoffnung, dass seine innerparteilichen Gegner »allmählich auch mal ›AUSgeSCHWITZt‹ werden aus unserer Partei«. Er erntete für diese Anspielung »Höcke-Höcke«-Sprechchöre.

Während der Staat eine juristische Abgrenzung gegen die völkische Rechte vornimmt, ist die Zusammenarbeit des Buchhauses Loschwitz mit dem Verlag Antaios der Versuch, diese völkische Rechte kulturell salonfähig zu machen. Man rollt ihr den roten Teppich aus. Nicht mehr und nicht weniger. Und die Bücher von Jörg Bernig, Monika Maron und Uwe Tellkamp sind ein Teil dieser Strategie und damit, ganz abgesehen von ihrem Inhalt, nicht unschuldig. Das sollten meine Kollegen und meine Kollegin wissen. Auch als Leser von Monika Maron verstehe ich nicht, warum sie das ihren Texten antut, warum sie ihren Leserinnen und Lesern zumutet, vor einer Lektüre diese Hürde nehmen zu müssen, warum sie sich in einen Kontext begibt, der ihrem Denken und ihren Büchern ein falsches Etikett anheftet.

Unterm Strich allerdings folgt die Publikation in der Reihe »Exil« dem bekannten Muster einer Provokation, bei der Fakten geschaffen werden, dann wird Bedauern geäußert über einen unhaltbaren Titel, ohne an dem Tatbestand etwas zu ändern (es wäre ja möglich gewesen, bei der zweiten Auflage darauf zu verzichten), ansonsten gibt man sich ahnungslos und hat wieder ein Stück »Normalisierung« im Umgang mit jenen geschaffen, die völkisches Denken nicht nur propagieren, sondern auch darangehen, es politisch-praktisch umzusetzen.

Es ist schwer, darauf angemessen zu reagieren, weil

es eben keine inhaltliche Auseinandersetzung anbietet, sondern einen mit Tatsachen konfrontiert. Soll man wegschauen? Oder es als neue Normalität anerkennen? Ist es eine Nebensächlichkeit, die man unnötig aufbläst? Soll oder muss man nicht diese Geste ernst nehmen?

Letzteres hat der S. Fischer Verlag getan. Das heißt aber nicht, dass ich die Aufkündigung weiterer Zusammenarbeit für die ultima ratio halte. Ich kann nicht sagen, warum das Gespräch zwischen Verlag und Monika Maron gescheitert ist und warum das gegenseitige Vertrauen so schnell aufgebraucht wurde. Monika Maron wird sich auf die Freundschaft und ihre Texte berufen haben, der Verlag wird auf einer Distanzierung von ihrem Buch in diesem inakzeptablen Umfeld bestanden haben. Es ist ein beiderseitiges Scheitern und für alle, eben auch für unsere Gesellschaft, die schlechteste der vorstellbaren Möglichkeiten. Ich hätte mir gewünscht, dass sich beide Seiten mehr Zeit gelassen und gegeben hätten zum genaueren Hinschauen und weiteren Nachdenken und so eine Entscheidung vertagt worden wäre, vielleicht sogar so lange, bis Monika Maron einen neuen Roman geschrieben hätte, bei dem der Verlag womöglich nicht mal auf die Idee gekommen wäre, ihn abzulehnen.

Ganz gleich aber, was geschehen wird, ich bin dem S. Fischer Verlag dafür dankbar, dass er, nicht so wie ich und viele andere auch, stillschweigend weggeschaut hat.

(2020)

Wie wir unsere Vergangenheit sehen, bestimmt unsere Zukunft

Vor sieben Jahren, am 27. Januar 2014, dem Tag des Gedenkens an die Opfer des Nationalsozialismus, hielt der russische Schriftsteller Daniil Granin im Bundestag eine Rede. Siebzig Jahre zuvor, am 27. Januar 1944, war nach fast 900 Tagen der Belagerungsring der deutschen Wehrmacht um Leningrad von der Roten Armee durchbrochen worden. Die Blockade hatte mindestens 800.000, wahrscheinlich aber mehr als eine Million Menschen das Leben gekostet. Parlamentspräsident Norbert Lammert zitierte in der Feierstunde des Bundestages eine Anweisung an die militärische Führung der Wehrmacht vor Ort. »Ein Interesse an der Erhaltung auch nur eines Teiles dieser großstädtischen Bevölkerung besteht in diesem Existenzkrieg unsererseits nicht.« Der Tod der drei Millionen Bewohner Leningrads war eingeplant, die »Großsiedlung« sollte nicht erobert, sondern als Wiege des sogenannten jüdischen Bolschewismus von der Landkarte getilgt werden.

»Am 27. Januar 1945«, so Lammert weiter, »wurde das Konzentrations- und Vernichtungslager Auschwitz-Birkenau durch die Rote Armee befreit – zufällig auf den Tag genau ein Jahr nach Ende der Leningrader Blockade. Kein Zufall ist dagegen der Zusammenhang zwischen Auschwitz und Leningrad, zwischen dem Völkermord an den europäischen Juden und dem mörderischen Raub- und Vernichtungsfeldzug im Osten Europas: Sie wurzelten in der menschenverachtenden nationalsozialistischen Rassenideologie.« Lammert vergaß nicht den qualvollen Tod von drei Millionen sowjetischen Kriegsgefangenen in Deutschland. Auch wenn die Namen der Großindustriellen und ihrer Konzerne, die Hitler zur Macht verholfen hatten, nicht erwähnt wurden, war ich beeindruckt von diesem Gedenken und eins mit meinem Land, das zu einem differenzierten und selbstkritischen Blick auf seine Geschichte fähig war.

Der 95-jährige Granin, gebürtiger Leningrader und Verteidiger der Stadt, bestand darauf, seine Rede im Reichstag im Stehen zu halten, den ihm mehrmals angebotenen Stuhl lehnte er unwillig ab. Er spreche, so Granin, als ehemaliger Soldat. Er ersparte den Anwesenden, darunter auch die Bundeskanzlerin und der Bundespräsident, nichts. Vor allem aber ersparte er sich selbst nichts, als er die grausamen und kaum vorstellbaren Bedingungen des Sterbens und Überlebens schilderte.

Am Tag zuvor hatte ich Daniil Granin durch die Akademie am Pariser Platz führen können, die – er war das älteste Mitglied unserer Literatur-Sektion – auch sein Haus war. Wir hatten eine Lesung aus seinem jüngsten Buch vereinbart, dem ersten, das nach 25 Jahren wieder auf Deutsch erscheinen sollte. Nach seiner Rede war Granin dem früheren Bundeskanzler Helmut Schmidt begegnet, der als Oberleutnant der Wehrmacht eine Zeitlang zu den Belagerern Leningrads gehört hatte. Ihr Gespräch muss beiden so wichtig gewesen sein, dass Granin seinen ehemaligen Feind einlud, sein Buch gemeinsam vorzustellen. In dem Erinnerungsband *Kindheit und Jugend unter Hitler* erwähnt Helmut Schmidt seinen Einsatz vor Leningrad – er hatte von sich aus um Versetzung zur kämpfenden Truppe ersucht –, geht aber mit keinem Wort auf das ein, was laut Uno-Definition ein Völkermord war. Wollte Schmidt die späte Gelegenheit nutzen, um mehr darüber zu sagen? Die Veranstaltung war bereits angekündigt (und sofort ausverkauft), als Daniil Granin wegen eines gebrochenen Beins absagen musste. Seine Erholung dauerte länger als erwartet. Es kam zu keinem erneuten Besuch.

Helmut Schmidt starb im November 2015, Daniil Granin zwei Jahre später.

Als sich im Januar dieses Jahres die Befreiung von Auschwitz durch die Rote Armee zum 76. Mal jährte, gab es keine deutsche Nachrichtensendung, die dieses Ereignis nicht gewürdigt hätte. Allerdings blieben diejenigen, die Auschwitz befreit hatten, oft unerwähnt, zum Beispiel in der Tagesschau. Mir fiel das auf und es fiel mir auch auf, dass es mir auffiel.

Frank Witzel erwähnt in einem Artikel eine Umfrage aus dem Jahr 2015. Auf die Frage, wer den größten Anteil an der Niederschlagung des Nationalsozialismus gehabt habe, antworteten in Deutschland 37 Prozent die USA, 27 Prozent die Sowjetunion (es folgen mit 7 Prozent Großbritannien, 4 Prozent »andere«, 25 Prozent »weiß nicht«). In Frankreich nennen 47 Prozent die USA und nur 15 Prozent die Sowjetunion. Dort allerdings gibt es einen Vergleichswert: Im Mai 1945 fanden 57 Prozent der Franzosen, die Sowjetunion habe die Hauptlast getragen, 20 Prozent die USA. Wie kommt es zu solch einem Meinungsumschwung? Ist es der Kalte Krieg und sein Erbe? Die Sowjetunion hatte schätzungsweise 27 Millionen Opfer zu beklagen, mehr als die Hälfte davon Zivilisten.

Die Rote Armee kam über verbrannte Erde als Befreierin vom Nationalsozialismus. Dass viele ihrer Soldaten Rachegefühle hegten, ist kaum verwunderlich. Die Freiheit bringen konnten sie nicht, da sie selbst Stalin im Nacken hatten. Um diese Ambivalenz wussten die meisten Soldaten und Offiziere der Roten Armee aus eigener Erfahrung, für Daniil Granin wurde dieser Konflikt immer wieder zu einem Thema seiner Bücher.

Welche Wendung die Stimmung im Westen genommen hat, lässt sich an der »Entschließung des Europäischen Parlaments vom 19. September 2019 zur Bedeutung des europäischen Geschichtsbewusstseins für die Zukunft Europas« ablesen. Darin kommt es zu einer Gleichsetzung von Kommunismus und Nationalsozialismus vor allem unter Berufung auf den Hitler-Stalin-Pakt, durch den die beiden »gleichermaßen das Ziel der Welteroberung verfolgenden totalitären Regime Europa in zwei Einflussbereiche aufteilten«. Warum das EU-Parlament grundsätzliche historische Zusammenhänge ignoriert, wie beispielsweise die Expansion von Hitler-Deutschland vor dem Zweiten Weltkrieg oder das vergebliche Bemühen der Sowjetunion, vor dem Bündnis mit Deutschland ein Abkommen mit Frankreich und Großbritannien zu schließen, bleibt ein Rätsel. Dass es dabei auch keine Differenzierung zwischen Stalinismus und Kommunismus und Sozialismus gibt, ist eine weitere Voraussetzung, um einer derartigen Geschichtsfälschung Bedeutung für unsere Gegenwart zu verleihen.

Da der Entschließung des EU-Parlaments bis auf die Linken alle zustimmten, kommt das für Deutschland einem Rückfall hinter die Positionen des »Historikerstreits« von 1986/87 gleich, in dessen Nachwirkung es eben keine Gleichsetzung mehr von Kommunismus und Nationalsozialismus gab. 1986 hatte der Historiker Michael Stürmer, der Helmut Kohl beriet und von Jürgen Habermas kritisiert worden war, festgestellt, dass »die Zukunft gewinnt, wer die Erinnerung füllt, die Begriffe prägt und die Vergangenheit deutet«. In diesem Punkt muss man Stürmer recht geben. Wer sich im Kampf um die Deutungshoheit der Vergangenheit durchsetzt, stellt zugleich die Weichen für die Zukunft. Deshalb ist die EU-Erklärung so wichtig, der in der deutschen Öffentlichkeit wenig Beachtung geschenkt wurde. Ohne auf die weiteren Defizite der EU-Erklärung einzugehen (beispielsweise wird die Geschichte des europäischen Kolonialismus und Neokolonialismus vollkommen ausgeblendet), sind die Folgen für die Außenpolitik sehr deutlich. Michael Brie hat in dieser Debatte (Berliner Zeitung vom 4. März 2021) die fragwürdigen und gefährlichen Frontstellungen eines »Wir« gegen die »Anderen« kritisch beschrieben.

Die Entgegensetzung von Demokraten und Autokraten verdeckt aber auch die Polarisierungen und Kämpfe innerhalb der Staaten. Welche Folgen hat die Gleichsetzung von Nationalsozialismus und Kommunismus für die deutsche Innenpolitik?

Das Problem sind dabei weniger die Radikalen am rechten Rand, die, so besagt die bisherige historische Erfahrung, für sich allein keine Mehrheit finden werden. Das Problem ist der Schulterschluss mit denjenigen, die sich selbst als bürgerlich oder konservativ oder als die »Mitte« bezeichnen.

Der »kommunistische« Feind bestand in Form des Ostblocks und damit auch der DDR fort. Nach deren unblutigem Ende ist es die Sichtweise auf die DDR, die Beanspruchung der Deutungshoheit über die Geschichte dieses Staates, die seit dreißig Jahren die deutsche Politik bestimmt, und das heute nicht weniger als damals. Durch die Corona-Pandemie gerieten viele politische Konflikte fast in Vergessenheit. So sind auch die Wahlen im Thüringer Landtag Anfang letzten Jahres im Gedächtnis verblasst, die auf einer gut ausgeleuchteten Bühne vorgeführt haben, wie die Vergangenheit über die Gegenwart entscheidet. Mit der Bundestagswahl im September muss auch in Thüringen erneut gewählt werden. Die Umfragewerte der Thüringer Höcke-AfD (mit ihrem Spiritus Rector Götz Kubitschek im Hintergrund) sind weiterhin erschreckend hoch, aber diese Partei wird keine Mehrheit erlangen – es sei denn, man beschafft sie ihr. Zur Erinnerung: Wolfgang Kubicki, Vizepräsident des Bundestages, frohlockte schon vor der

Wahl seines FDP-Parteifreundes Thomas Kemmerich zum Thüringer Ministerpräsidenten über den bevorstehenden Wahlsieg. Auf die Idee, dieses Manöver zu unterbinden, kam er offenbar nicht. Es galt vor allem, einen »Linken« zu verhindern. Als dann tatsächlich Thomas Kemmerich mit den Stimmen von FDP, CDU und AfD gewählt worden war, sah Kubicki darin einen »großartige[n] Erfolg für Thomas Kemmerich. Ein Kandidat der demokratischen Mitte hat gesiegt.«

Wenn Wolfgang Kubicki auch nur einen Gedanken daran verschwendet hätte, sich die Amtszeit seines Parteifreundes vorzustellen, dann wäre er zu der Erkenntnis gelangt, dass jeder Beschluss des Landtages die Zustimmung der AfD nötig gehabt hätte. Was die Sache so schlimm macht: Kubicki ist ein intelligenter und eloquenter Politiker, der bis dahin dafür bekannt war, die AfD publikumswirksam zu kritisieren, ja vorzuführen (seine Rede im Bundestag am 23.2.2018 hat knapp 3 Millionen Aufrufe). Wenn schon einer wie Kubicki bereit ist, der AfD die Hand zu reichen, wer aus »der Mitte« ist es dann nicht?

Deutlicher können die Bruchstellen der Demokratie nicht zu Tage treten. Gescheitert ist diese Farce am Einspruch der CDU-Spitze. Doch wer gehofft hatte, dem Einspruch würde die notwendige Korrektur der Parteidoktrin folgen, die überhaupt erst zu dieser Misere geführt hat, wurde enttäuscht. Die Gleichsetzung von AfD und Linke durch CDU und FDP könnte sich nicht nur in den östlichen Bundesländern, aber vor allem dort als verhängnisvoll erweisen. Diese Entscheidung wurzelt in einem Antikommunismus, der weder differenziert noch auf seine heutige Berechtigung befragt wird. Es ist nicht nur eine Verfälschung der Geschichte, sondern auch das Einfallstor für die Rechtsextremen in die Regierungen.

Vielleicht braucht es noch keinen neuen »Historikerstreit«, dafür aber Gespräche über den Abbau von Feindbildern, wie sie Daniil Granin und Helmut Schmidt führen wollten.

(2021)

Berlin, d. 27. April 2021

Lieber Jörg Bernig,

ich möchte Ihre Überlegungen nicht unerwidert lassen und Ihnen zum einen sagen, dass ich – wie gewiss alle Akademiemitglieder – den Anschlag mit Buttersäure auf das Buchhaus Loschwitz verurteile, was selbstverständlich ist, zugleich aber Ihre Sicht insbesondere auf das Buchhaus nicht teile.

Ich brauche Ihnen gegenüber nicht zu bekräftigen, dass ich Gewalt ablehne und ganz gleich, wer bedroht oder angegriffen wird, wer Schaden nimmt oder physisch wie psychisch eingeschüchtert werden soll, Schutz und Hilfe verdient. Gerade weil ich einigen Veranstaltungen, die unter dem Dach des Buchhauses Loschwitz stattfanden und stattfinden, skeptisch oder ablehnend gegenüberstehe und das auch öffentlich kundgetan habe, fühle ich mich angesichts eines solchen Angriffs zur Solidarität mit Susanne Dagen und Michael Bormann verpflichtet. Solch eine kriminelle Tat stellt ja gerade die Voraussetzung von Diskussion und Streit infrage. Ich bin mir sicher, dass die Institution Sächsische Akademie der Künste wie auch deren einzelne Mitglieder es als selbstverständlich ansehen, diese Tat zu verurteilen.

Da wir beide uns nicht zum ersten Mal über das Buchhaus äußern, sind uns die Positionen des jeweils anderen nicht unbekannt. Insofern kann ich nur vieles wiederholen, was ich bereits gesagt habe. Ich will es so konkret wie möglich machen, weil ich hoffe, dass ein Verständnis der Position des anderen dann am ehesten möglich sein könnte.

Sie schreiben: »Die edition buchhaus loschwitz, die Buchhandlung und das dort angeschlossene KulturHaus

Susanne Dagens und Michael Bormanns, wurden – zumeist ohne eine kenntnisreiche Beschäftigung mit den dort erschienenen Büchern – als Ort (neu)rechten Denkens stigmatisiert und das, bei Lichte besehen, schlicht aus dem Grund, weil Dagen und Bormann sich einer Festlegung auf ein bloß irgendwie links geartetes Denken entziehen und stattdessen einen Ort bieten, der für *alle* offen ist.«

Bekannt geworden ist das Buchhaus Loschwitz unter anderem durch die im Internet zugängliche Reihe »Mit Rechten lesen«. Die Formulierung stammt von den Akteuren selbst, ist also keine Zuweisung. »Rechts« ist für mich kein Schimpfwort, sondern eine mehr oder weniger taugliche politische Einordnung. Wer in der Sendung auftritt, muss von seinem oder ihrem Selbstverständnis sich eher »rechts« einordnen. Damit aber entzieht sich das Buchhaus eben nicht »bloß irgendwie links« geartetem Denken, sondern bezieht die politische Gegenposition. Ob die Kategorien »rechts« und »links« im Zusammenhang mit Literatur sinnvoll sind, möchte ich bezweifeln. Aber offenbar geht es in der Reihe dezidiert um eine »rechte« Lesart von Literatur. Mein Problem mit der Sendung beginnt bei der ständigen Gastgeberin Ellen Kositza, genauer gesagt bei dem Zusatz: »Verlag Antaios, Literaturredakteurin der Zeitschrift Sezession« hinter ihrem Namen. Sie wissen es ja sicher: Nach jedem besprochenen Buch wird darauf hingewiesen, dass es sich bei der Sendung um ein »Gemeinschaftsprojekt« des Buchhauses mit dem Verlag Antaios handelt. Enger kann man sich kaum an das »Unternehmen Schnellroda« anschmiegen.

Wofür der Verlag Antaios steht, zeigen Bücher wie die von Renaud Camus, *Revolte gegen den großen Austausch*, oder jene von Akif Pirinçci, dem selbst Pegida das Mikro abgedreht hat, weil seine Hetze zu unerträglich wurde. Pirinçci fordert, dass 8 Millionen Menschen Deutschland verlassen müssen, auch wenn sie hier geboren worden sind. »In sechs Monaten bekommt ihr kein Geld mehr, auch kein Essen, und ihr müsst aus euren Wohnungen. 8 Millionen Menschen.« Diesen geistigen Amokläufer preist Ellen Kositza an: »Ich kenne keinen, der einen derart glasklaren Blick auf die entsetzliche bundesdeutsche Wirklichkeit hat wie Akif Pirinçci.« Und Götz Kubitschek meint: »Mutiger Autor, der was zu sagen hat.« Diese Bücher sind für sich genommen kein Problem. Viele Verlegerinnen und Verleger preisen grottenschlechte Bücher an, und es gibt auch genügend andere Verlage, die ähnliche Ware feilbieten. In Schnellroda aber sind sie Teil einer Strategie, die mehr will.

»Der Kampf um die Vorherrschaft im eigenen Raum ist ein Kampf, keine Diskussion. Wenn eine Seite die Kraft für die Auseinandersetzung nicht aufbringt, verschwindet sie einfach. Oder mit anderen Worten: Wenn wir Deutsche zu zivilisiert für die Notwendigkeiten des Vorbürgerkriegs bleiben, ist die Auseinandersetzung bereits entschieden: ›Nur Barbaren können sich verteidigen‹, sagt Nietzsche.« (Kubitschek 2007, S. 17)

Götz Kubitschek hat auch im Frühjahr 2018 im Dresdner Kulturpalast davon gesprochen, den Riss in der Gesellschaft zu vertiefen. Riss ist eines seiner Lieblingswörter. In einem 3sat-Interview sagte er: »Dieser Riss kann nicht tief genug sein, das ist eine Wunde, die muss ausgebrannt werden [...].

Ich hoffe, dass die Krise so massiv ist, so gründlich, dass wir danach eine echte Wende haben. Das ist meine Hoffnung.«

Und was er sagt, das verfolgt er hartnäckig, zum einen publizistisch, zum anderen auch politisch-praktisch durch sein »Institut für Staatspolitik«, durch Schulung und Beratung Björn Höckes und seiner Anhänger, also des sogenannten Flügels, der mittlerweile verboten worden ist. Kubitschek und Kositza (die selbst Rednerin auf den Flügeltreffen war) versuchen doch genau das, was Sie beklagen: nämlich die Gesellschaft zu spalten, zu polarisieren, den Riss breiter und tiefer zu machen. Ich weiß nicht, wie Sie, lieber Jörg Bernig, dieses Treiben einordnen und charakterisieren würden. Mir erscheint die Bezeichnung »neurechts« oder »völkisch« oder »rechtsextrem« geeignet, um das Spektrum der Ansichten, die dort zum Ausdruck kommen, zu beschreiben.

Und was ist dann der von Susanne Dagen und dem Buchhaus Loschwitz praktizierte Schulterschluss? Mit dieser Sendung macht sich das Buchhaus zu einem Teil des neurechten(?), völkischen(?), rechtsextremen(?) Netzwerks Schnellroda. Wie können Sie glauben, dass das Buchhaus noch ein Ort für alle wäre? Solange dieses »Gemeinschaftsprojekt« besteht, ist es jedenfalls kein Ort mehr für mich.

Um den Geist, den dieses Gemeinschaftsprojekt beseelt, zu beschreiben, empfehle ich Ihnen die Juli-Sendung aus dem letzten Jahr. Susanne Dagen und Ellen Kositza hatten den Sprecher der sogenannten »Identitären Bewegung Österreichs« Martin Sellner eingeladen, allerdings nicht unter seinem Namen, sondern unter dem Namen von einem seiner Kritiker, was ich als besonders perfide empfinde. Jedenfalls wünsche ich weder Ihnen noch mir, dass uns solch ein Namen-Kidnapping widerfährt. Sellner als österreichischen Literaturpapst Robert Wagner vorzustellen, ohne an irgendeiner Stelle deutlich zu machen, um wen es sich da handelt, ist nicht nur dreist, sondern ein Betrug am Publikum. Martin Sellner huldigt als Autor des Verlages Antaios dem sogenannten »großen Austausch« so erfolgreich, dass er zum Empfänger einer Spende von 1500 Euro des Christchurch-Attentäters wurde. Die Sendung lancierte nicht nur jemanden in die Öffentlichkeit, dem zum damaligen Zeitpunkt (bis auf Telegram) alle Kanäle abgeschaltet worden waren – Susanne Dagen weist ihr Publikum noch lachend auf Telegram hin! –, sondern es ist beispielsweise auch für alle, die dort besprochen wurden, eine Zumutung. Als sich die Gelegenheit ergab, Susanne Dagen zu fragen, warum sie Sellner unter falschem Namen vorgestellt habe, sagte sie: »Sonst wären wir doch sofort abgeschaltet worden.« Susanne Dagen weiß, was sie tut.

Ich verstehe wirklich nicht, wie Sie zu der Behauptung gelangen, das Buchhaus würde als »Ort (neu)rechten Denkens stigmatisiert und das, bei Lichte besehen, schlicht aus dem Grund, weil Dagen und Bormann sich einer Festlegung auf ein bloß irgendwie links geartetes Denken entziehen [...]«. Möchten Sie das erklären?

Ich kann es nur noch einmal sagen und weiß, dass ich mich wiederhole: Während der Staat eine juristische Abgrenzung gegen die völkische Rechte vornimmt, ist die Zusammenarbeit des Buchhauses Loschwitz mit dem Verlag Antaios der Versuch, diese völkische Rechte kulturell salonfähig zu machen. Man rollt ihr den roten Teppich aus.

Wenn Sie ein »gespaltenes Land« und »eine zerrissene Gesellschaft« beklagen, wenn Sie von einer »Gewalt, die sich Jahr um Jahr um Jahr von den extremistischen Rändern her weit hinein in unser tägliches Leben ausbreitet«, schreiben, um dann zu folgern: »Das sind keine Risse mehr und keine Spalten. Das sind Abgründe und Fragmentierungen.« Kommt Ihnen dann nicht in den Sinn, dass dieser Prediger des Risses seinen Anteil daran hat? Und dass ein Gemeinschaftsprojekt mit ihm Widerspruch und Abgrenzung hervorruft?

Ich verurteile den Anschlag auf das Buchhaus Loschwitz aus vielen Gründen. Und wer würde das nicht tun. Einer der Gründe ist, dass ich im Gegensatz zu Götz Kubitschek nicht von einem Vorbürgerkrieg träume, nicht von einer Verschärfung der Widersprüche und einer Polarisierung und Radikalisierung der Gesellschaft. Und wenn ich Sie richtig verstanden habe, lieber Jörg Bernig, geht es Ihnen ähnlich.

(2021)

Dresden wieder sehen
Dankrede zur Verleihung des Dresdner Kunstpreises
am 3. Juni 2021

Es gehört wohl zum Schönsten, was einem widerfahren kann, wenn man von der Stadt, in der man geboren und aufgewachsen ist, einen Preis erhält. Das Besondere liegt für mich auch darin, dass es die Malerin Gerda Lepke war, die 1993 den ersten Dresdner Kunstpreis erhielt. Gerda verdanke ich nicht nur vergnüglichste Stunden als Kind, ihr habe ich auch meine ersten Gedicht- und Prosaversuche geschickt, sie animierte den 16-Jährigen nachdrücklich, eine Wiese, einen Baum, einen Himmel zu beschreiben und ihr das Geschriebene vorzulesen. Vor allem aber habe ich an ihr erlebt, welcher Unbedingtheit es bedarf, wenn man sich für die Kunst entscheidet.

Bei keinem anderen Preis sind mir die bisherigen Preisträgerinnen und Preisträger in so großer Zahl bekannt und vertraut, darunter meine Freunde Carsten Ludwig und Ulrike Gärtner, aber auch Strawalde oder Max Uhlig, ich lebe mit den Arbeiten von Wieland Förster, Claus Weidensdorfer, Evelyn Richter, Jürgen Schieferdecker, Karl-Heinz Adler; die Künste von Peter Damm, Rolf Hoppe, Peter Schreier, Peter Rösel und Baby Sommer begleiteten und begleiten mich seit Jahrzehnten. Und selbstverständlich fühle ich mich meinen literarischen Vorgängern Thomas Rosenlöcher, Volker Braun und Marcel Beyer über das Kollegiale hinaus verbunden.

»Vergiss niemals, wer darüber entscheidet, welche Wahrheit in mein Buch gelangt.«
Diese Drohung findet sich auf der letzten Seite meines jüngsten Romans *Die rechtschaffenen Mörder*. Ausgespro-

chen haben soll ihn die Figur eines gewissen Schultze, im Roman ein halbwegs etablierter Schriftsteller, aufgewachsen in Dresden, seit Anfang der Neunziger in Berlin lebend.

Jene Romanfigur Schultze, sie trägt in ihrem Nachnamen ein t mehr als ihr Autor, hat über einen Antiquar namens Paulini aus Dresden-Blasewitz geschrieben – also einen Roman im Roman –, der, einst Anreger und Ermöglicher lebensverändernder Lektüren, nach rechts außen abgerutscht sein soll. Der wirkliche Paulini, das Vorbild für Schultzes Erzählung, ist am Ende des Buches tot und mit ihm eine Frau, die zwischen jenem Paulini und Schultze stand. Hauptverdächtiger könnte dieser Schultze sein, und damit jemand, der zeigen wollte, wie einer, der sich große Verdienste erworben hat, dem er selbst viel verdankt, zum Rechtsextremen wird. Doch der Finger, der auf Paulini deutet, weist plötzlich auch auf ihn selbst. Auch der Ankläger wird zu einem Angeklagten. Das hat nicht nur viele Leserinnen und Leser, sondern den Autor Schulze selbst überrascht und verwirrt. Der Logik von Figuren und Dialogen während des Schreibens zu folgen, ermöglicht es mitunter, der eigenen Begrenztheit hier und da zu entkommen. Und so gilt dieser Schultze am Ende des Romans der Erzählerin wie auch den Lesern als verdächtig, deshalb droht er einem möglichen Zeugen: »Vergiss niemals, wer darüber entscheidet, welche Wahrheit in mein Buch gelangt.«

Mir ist oft die Frage gestellt worden, ob dieser Roman überhaupt in einer anderen Stadt als Dresden hätte angesiedelt sein können?

Eigentlich hätte ich antworten müssen: Ich habe gar nicht darüber nachgedacht, die Idee war vom ersten Augenblick an mit der mir vertrauten Kulisse von Dresden-Blasewitz verbunden.

Aber Ideen können sich ja auch als falsch erweisen. Norbert Paulini, antwortete ich, hätte sein Antiquariat auch in Leipzig eröffnen können, der Antiquariatsstadt schlechthin, letztlich in jeder ostdeutschen Stadt. Aber Dresden kenne ich genauer und am ehesten noch von Innen her. Wenn ich dann ansetzte, darüber zu sprechen, welch wichtige Rolle der Landschaft zukomme, wurden die Frager unruhig; ihnen gehe es vor allem um die aktuellen Entwicklungen in Dresden. Mit »aktuellen Entwicklungen« war nicht gemeint, wie hoch die Mietpreise in der Stadt sind oder wie es sich mit der Arbeitslosigkeit verhält, wie sauber oder dreckig die Elbe ist, was die Stärken und Schwächen des Oberbürgermeisters sind, was neu gebaut oder restauriert wurde, welche Ausstellung, welches Konzert, welche Inszenierung, welches Festival Aufsehen erregt etc.

Ich selbst bin ein eifernder Lokalpatriot gewesen, der mit schwarzgelber Fahne ins Stadion zog und später unter den lähmenden zehn Meistertiteln des BFC Dynamo gelitten hat – und unter den sechs Gegentoren in der zweiten Halbzeit des Rückspiels im Viertelfinale des Europacups der Pokalsieger gegen Bayer Uerdingen. Auf das Abitur folgten anderthalb Jahre Grundwehrdienst und fünf Jahre Studium in Jena, schließlich das Landestheater in Altenburg. In dieser Zeit blieb für mich Dresden neben Berlin das Zentrum der Musik, der Kunst, des Theaters. Den Herbst 1989 erlebte ich in Altenburg und Leipzig, weshalb ich die Schlacht um den Dresdner Hauptbahnhof, die Konstituierung der Gruppe der Zwanzig wie auch den 19. Dezember mit dem Auftritt von Kohl und Modrow vor der Ruine der Frauenkirche nur aus der Ferne verfolgte. Trotz des damaligen Kohl-Jubels war ich überrascht, ja überrumpelt, dass bei den verschiedenen Wahlen von 1990 der Triumph der CDU, die ja noch im Jahr davor eine sogenannte »Blockflöte« gewesen war, so überwältigend ausfiel und die Marginalisierung der SPD und des Bündnis 90, also der neuen Kräfte, in Sachsen so stark war wie nirgendwo sonst. In Kurt Biedenkopf fand sich ein Ministerpräsident, der die ihm angebotene Krone des sächsischen Sonnenkönigs nur zu gern trug.

Es gab kaum ein Wahlkampfplakat, insbesondere im Lager der späteren Wahlsieger, das ohne die Anrufung Sachsens ausgekommen wäre, als sollte die Serie »Sachsens Glanz und Preußens Gloria« nun neu verfilmt werden, diesmal aber mit einem anderen Ausgang.

Dieses landsmannschaftliche Gefühl fehlte mir. In Altenburg hielt ich gar die Thüringer Farben für die polnische Flagge, was einer Provokation gleichkam.

Damals konnte ich in dieser landsmannschaftlichen Begeisterung nur das Bedürfnis erkennen, wieder an Traditionen anknüpfen zu wollen. Was ich übersah, war der Wunsch, dem Stempel »Ostler« oder gar »Unrechtsstaat« zu entkommen, und damit einer Kategorisierung in Täter, Mitläufer oder Opfer.

Gemessen an den 1988 nachgewiesenen Arbeitsplätzen war deren Zahl 1992 in Sachsen auf ein Viertel geschrumpft, die Zahl der industriell Beschäftigten war binnen weniger Monate auf die Hälfte des bundesdeutschen Durchschnitts gesunken. Zugleich entstanden Anfang der Neunziger in Sachsen drei Lehrstühle für Landes- beziehungsweise Regionalgeschichte und ein »Institut für Sächsische Geschichte und Volkskunde«.

Die Historikerin Simone Lässig hat diesen Prozess vor zwei Jahren in der FAZ skizziert.

»Die Anrufung einer mehr als 800 Jahre zurückreichenden Geschichte erwies sich als wirksame Strategie politischer Mobilisierung und als stützendes Konstrukt für eine

Zeit massiver Umbrüche. Dies umso mehr, als die DDR in der sächsischen Meistererzählung nur als Umweg gedeutet wurde, von dem man sich systemisch unter Rückgriff auf die wissenschaftlich schon totgesagte Totalitarismustheorie rigide abgrenzte, auf den man sich individuell aber nicht beziehen musste.«

Und sie fährt fort. »In Sachsen, wo die bayerischen und baden-württembergischen ›Transformationspaten‹ aus dem zutiefst konservativ und antikommunistisch geprägten Süden der alten Bundesrepublik einflogen, formte die CDU 1990 ein Denkmuster, das die politische Kultur lange prägen sollte: Duldung und Offenheit nach rechts, Feindbildrhetorik und scharfe Abgrenzung nach links. Der rechtskonservative Rand mit gelegentlich rechtsradikalen Tendenzen wurde toleriert, die Rechtslastigkeit von Polizei und Justiz kleingeredet.«

Das Gesagte stimmt zumindest mit meiner eigenen Erfahrung überein, die ich am 13. Februar 2010 in Dresden auf dem Albertplatz machte. Erstmalig gelang es, den sogenannten »Trauermarsch«, der von der Neuen Rechten (Björn Höcke, Götz Kubitschek und Ellen Kositza waren schon damals dabei) bis hin zu Neonazigruppen veranstaltet wurde, durch koordinierte Straßenblockaden zu verhindern. Während der Berliner Tagesspiegel schrieb: »Dresden wird jetzt ein symbolisches Wort für eine Demokratie, die sich gegen ihre ärgsten Feinde durchsetzt«, wurden wir Gegendemonstranten von der damaligen Stadtregierung und der Polizei kriminalisiert und schikaniert, bis hin zum Abgreifen von Handy-Daten. Ein Jahr später kam das auf einer Veranstaltung im Großen Haus des Dresdner Staatsschauspiels zur Sprache. Einer, der die damaligen Stadt-Oberen und die Polizei am schärfsten kritisierte, war der frühere FDP-Innenminister Gerhart

Baum. Wiederum ein Jahr später, durfte ich eine der »Dresdner Reden« halten, »Unsere schönen neuen Kleider – gegen die marktkonforme Demokratie, für demokratiekonforme Märkte«.

Weder davor noch danach habe ich bisher auf eine Rede so viel Resonanz erfahren. Allerdings überforderten mich die Reaktionen und brachten mich an den Rand einer Beschämung. Mehrmals wurde mir konkrete Hilfe und Unterstützung angeboten, sollte ich jetzt eine Gruppe oder Bewegung organisieren, die sich für grundlegende soziale und ökonomische Veränderungen einsetze. Waren das typische Dresdner Reaktionen? Oder typische ostdeutsche?

Umso überraschter war ich, als zweieinhalb Jahre später die sogenannten »Patriotischen Europäer gegen die Islamisierung des Abendlandes« Zulauf erhielten. War denn unser Problem plötzlich die Islamisierung geworden?

Mehr noch wunderte mich die enorme Aufmerksamkeit, die ihnen zuteilwurde. Ich bin davon überzeugt, dass vieles anders und besser gekommen wäre, wenn den früheren Montagsdemonstrationen, die auf die prekäre Lage im Osten des Landes aufmerksam zu machen versucht hatten, ein Bruchteil jener Beachtung geschenkt worden wäre, die Pegida so überbordend erfuhr.

Was mir an Pegida auffiel, war das Missverhältnis zwischen den nachlesbaren Forderungen auf der einen Seite und dem außerordentlich hohen Grad an Empörung und Wut, mit der sie geäußert wurden, auf der anderen Seite. Denn die meisten Forderungen fanden sich ähnlich auch bei anderen Parteien oder waren bereits gesetzlich geregelt. Das Aufbegehren jedoch existiert fort. Dafür braucht man sich nur die Ergebnisse der Landtagswahl von 2019 anzusehen, insbesondere jene Wahlkreise, die im vormaligen Bezirk Dresden liegen. Mein Eindruck ist: Die

Unzufriedenheit und der Protest bestünden wohl selbst dann fort, wenn alle Forderungen erfüllt wären – was ich keinesfalls wünschenswert fände.

Erhellend fand ich eine Bemerkung von Jürgen Elsässer aus dem Jahr 2016, man habe unter den Initiatoren der späteren Pegida erwogen, sich den Namen Pegada zu geben, »Patriotische Europäer gegen die Amerikanisierung des Abendlandes«.

Ich kann nicht sagen, ob es stimmt, was Elsässer berichtet. Plausibel wäre es. Bekanntermaßen ist der Hauptfeind für die Neue Rechte immer noch der Liberalismus, also der Westen, weniger die Islamisten, deren Doktrin sich komplementär zum nationalistisch-völkischen Denken verhält. Interessant daran ist, dass die Organisatoren glaubten, mit einer Skepsis gegenüber dem Westen Menschen anlocken zu können, schließlich aber doch eine andere Zielscheibe für den Unmut aus dem Hut zauberten.

Gibt es einen Zusammenhang zwischen der enormen Zustimmung zur CDU und zu Biedenkopf (1994 waren es über 58 Prozent) und der Unzufriedenheit heute? Oder anders gefragt: Was hat sich zwischen 1994 und 2019 verändert? Welche Erfahrungen sind es, die in der Zwischenzeit zu solcher Verbitterung geführt haben?

Die Autorin Ferda Ataman, geboren in Stuttgart, aufgewachsen in Nürnberg, stellte vor einem Jahr sinngemäß fest: Ich weiß, dass ich einen Migrationshintergrund habe, Du weißt, dass du einen Ost-Hintergrund hast, nur die im Westen wissen nicht, dass sie Westler sind.

Das heißt keineswegs, dass wir auf unsere Herkunft reduziert werden, auf Migranten-, Ostler- oder Westlerfamilie, als Individuen können wir fast alles sein, aber wir sind eben auch Menschen mit einer Herkunft und einem Geburtsjahr. Wer die besten oder besseren Analysen oder Romane schreibt, wer die besten oder besseren Theorien und Vorschläge entwickelt, hängt nicht davon ab, woher jemand kommt. Im Einzelfall besagt das selbstverständlich gar nichts. So wie es im Einzelfall eben auch nicht davon abhängt, welchem Geschlecht Führungskräfte oder Herausgeber angehören oder welche Hautfarbe oder Nationalität sie haben. Und wenn es um die Deutung der eigenen Geschichten wie der eigenen Geschichte geht, haben die Ostdeutschen untereinander größte Differenzen wie auch die Westdeutschen, das sind ja keine homogenen Gebilde und die Ost-West-Problematik ist nur eine Ebene unter anderen Konfliktfeldern.

Und trotzdem bleibt die Ungleichheit zwischen Ost und West skandalös. Heute gibt es kein Land in Europa, in dem einer Bevölkerung so wenig an Grund und Boden, an Immobilien und an Betrieben gehört wie den Ostdeutschen im Osten Deutschlands, keine Bevölkerung, die dort, wo sie lebt, so wenige Führungsposten innehat wie die Ostdeutschen, sei es in den Betrieben, in den Medien, den Verwaltungen und Banken, beim Militär und der Polizei oder an den Gerichten und Universitäten. Bundesweit waren 2016 ganze 1,7 Prozent der Ostdeutschen in Spitzenfunktionen bei einem Bevölkerungsanteil von 17 Prozent. Noch niederschmetternder ist nur: Es gibt keine Tendenz hin zur Angleichung. Weder wächst für Ostdeutsche der Besitz an Wohneigentum, Grund und Boden oder Unternehmen noch der an Führungspositionen. Der Austausch der Eliten war nachhaltig. Die Aufteilung dessen, was den Ostdeutschen als Startkapital hätte zugutekommen müssen, ist längst verkauft oder abgewickelt. Die Ungleichheit vererbt sich im wahrsten Sinne des Wortes fort.

Was in den neunziger Jahren als Startbedingung hingenommen wurde, wird problematisch, sobald es sich zu verstetigen beginnt und die Entscheidungsgewalt und die Deutungshoheit fast ausschließlich bei Menschen liegt, die im Westen sozialisiert wurden. Sie entscheiden, was erscheint, und damit, wie über den Osten gedacht, gesprochen und geurteilt wird. Einige der Entscheider, »der Gatekeeper«, reflektieren ihre Position und nehmen die Situation als schief und unangemessen wahr. Für die meisten aber steht das nicht mal als Problem, ja sie finden, dass man nach dreißig Jahren nun wirklich nicht mehr darüber zu reden brauche, wir hätten doch ganz andere Probleme. Aber die anderen Probleme haben eben auch mit diesen zu tun.

Je selbstverständlicher die eine Seite ihre Oberhoheit auslebt, desto unbeherrschter, empfindlicher, auch ungerechter und uncooler werde ich selbst, obwohl ich im Westen Berlins in einer Eigentumswohnung lebe und finanziell akut nichts zu befürchten habe. Ich kann es einfach nicht mehr hören, wenn gefragt wird, warum die Ostdeutschen gerade so krawallig sind (der Artikel stammt von einem Ostdeutschen), oder wenn jemand gelobt wird als »der Beste aus dem Osten« oder danach gefragt wird, wie der Ossi tickt. Oder wenn ein geschätzter Kollege darüber räsoniert, dass Lesen tolerant mache, aber es sicher keine Lösung sei, »Romane mit Fallschirmen über Dresden abzuwerfen«.

Warum sind die Westler gerade so duckmäuserisch oder so vorlaut oder so grandios (welche Eigenschaft ausgewählt wird, ist vollkommen gleichgültig), wir wollen ja nur wissen, wie die Westler ticken und wer die Beste aus dem Westen ist, denn irgendwie anders sind die schon. Trotzdem ist es keine Lösung, meine Romane an Fallschirmen über Hanau und Kassel abzuwerfen (wobei abwerfen mindestens zweifach unerträglich ist).

Und wenn der Ostbeauftragte der Bundesregierung dann auch noch verkündet: »Wir haben es mit Menschen zu tun, die teilweise in einer Form diktatursozialisiert sind, dass sie auch nach 30 Jahren nicht in der Demokratie angekommen sind«, und man nur »auf die nächste Generation« hoffen könne, dann heißt das: Erst wenn diejenigen, die die friedliche Revolution getragen haben, tot sind, wird es was mit der Demokratie im Osten. Dreißig Jahre lang alles richtig gemacht, aber das Übel sitzt zu tief. Mit den alten Nazis ging das wirklich besser.

Ich muss zugestehen, und das meine ich nicht ironisch, dass es im deutsch-deutschen Verhältnis jemand aus dem Westen schwerer hatte und hat als jemand aus dem Osten oder die Kinder oder Enkel von Migranten, den eigenen blinden Fleck zu erkunden. Als Ostler oder Migrantenkind werde ich kontinuierlich aufgefordert, mich zu rechtfertigen, mich kritisch gegenüber der eigenen Herkunft und meinem bisherigen Lebensweg zu verhalten und mich selbst zu befragen. Der Auslöser kann bei den einen schon der Name sein und/oder die Hautfarbe, bei den anderen der sächsische Dialekt, die Adresse oder der Wehrdienst.

Jemanden, der ohne Migrationsherkommen im Westen geboren worden ist, zwingt niemand (sofern man nicht gerade im Ausland ist), sich seine eigenen Voraussetzungen zu vergegenwärtigen, und es ist schwer, überhaupt eine Notwendigkeit dafür zu verspüren. Denn sie gelten als selbstverständlich, ja sogar als zivilisatorischer Goldstandard.

Und es war ja die Mehrheit im Osten selbst, die den Westen bei Jubel-Empfängen wie dem von Helmut Kohl am 19. Dezember 89 vor der Ruine der Frauenkirche, zum Sieger der Geschichte ausrief: »Helmut, rette uns!«

Die Gegenwart ist nur aus der Geschichte zu erklären. Wer aber die Geschichte vor dreißig Jahren enden lässt, betreibt – um es beschönigend auszudrücken – Selbstbetrug. Der verschließt die Augen vor dem Naheliegenden.

1989/1990 war eine weltgeschichtliche Zäsur, die ohne den Anteil der Ostdeutschen kaum denkbar wäre. Es waren viele, die im Herbst 1989 erstmalig zum handelnden Subjekt der Geschichte wurden, dann aber einen Abstieg zu Deklassierten im eigenen Land erleben mussten.

Damit umzugehen gibt es viele Arten. Besonders gefährdet aber sind jene, die sich dem Westen vorbehaltlos, ja gläubig an den Hals geworfen haben.

Ich sehe in der Mehrheit der östlichen AfD-Wähler vor allem abgewiesene Liebhaber und sitzengelassene Bräute des Westens. Sie waren bereit gewesen, auf die Vergangenheit zu pfeifen, alles hinter sich zu lassen, neu anzufangen und neu zu lernen. Wäre es nach ihnen gegangen, hätte es nicht mal eines Ehevertrages bedurft, das Vertrauen war grenzenlos. Der Vertrag zum Beitritt allerdings fiel kühl aus. Und der Angehimmelte, der alles wusste und konnte, der es aber nur mit »Buschzulage« bei ihnen aushielt, behandelte sie ganz anders, als er es versprochen hatte. Was hatte er eigentlich versprochen? Hier müsste wiederum eine detailreiche Auflistung folgen, wem der Osten gehört und wer dort das Sagen hat.

Diese Kränkung sitzt tief, nicht nur bei einer Minderheit, die AfD wählt. Die meisten Ostler gehen damit anders um, sie hat die Selbstbefragung in aller Regel offener und reifer gemacht, mitunter spöttischer oder melancholischer. Gerade zwischen ihnen und den Kindern der Migranten gibt es oft ein gegenseitiges Erkennen angesichts von »Selbstverständlichkeiten«, die für sie keine sind.

Dass sich der Unmut einer Minderheit, die sich um ihre Hoffnungen betrogen fühlt, ausgerechnet an den Ärmsten der Armen, an den Gefährdetsten der Gefährdeten entzündet, passt nur zu gut ins Bild: Man will nicht noch drittklassig werden, immerhin ist man doch Deutscher!

Wegen der Ausländer denkt überhaupt keiner mehr an uns. Wir sind nicht gefragt worden und müssen für die zahlen, obwohl wir eh weniger kriegen als die drüben. Und hat die Kanzlerin je ein Selfie mit uns gemacht?

Man weiß selbst nicht so recht, was mit einem passiert, man weiß nur, dass es wehtut, und dass etwas ungerecht ist und dass es einem hilft, mit anderen, die genauso empfinden, auf die Straße zu gehen und sich Luft zu machen.

Ein letzter Schrei nach Liebe gerät noch auf das Cover eines Bestsellers: »Integriert doch erst mal uns!« Aber da hat sich der Westen schon schaudernd von »Dunkeldeutschland« und dem »Pack« abgewandt. Die Symptome einer Kränkung sind nicht zu verwechseln mit der Erkenntnis oder gar der Kritik ihrer Ursachen.

Vom Osten zu sprechen bedeutet in der deutsch-deutschen Situation viel zu oft, vom Westen zu schweigen oder gar in ein Gut/Böse-Schema abzugleiten.

1990 hat es der Westen erfolgreich vermieden, über das eigene System nachzudenken, es zu reformieren, es den Notwendigkeiten anzupassen. Nicht dass es im Westen keine Stimmen gegeben hätte, die unverhoffte Chance zu einer grundlegenden Selbstbesinnung und Kursänderung zu nutzen. Dass viele auf einen Impuls aus dem Osten gehofft hatten, erfüllt mich nachträglich mit Freude, dass sie vergeblich gehofft hatten, beschämt mich als Ostler. Die Devise »Keine Experimente« bügelte neue Ansätze auf beiden Seiten platt. In der Folge des Beitritts explodierte die Zahl der Millionäre, bezahlt haben ihn vor allem jene, die weder mit Investitionen im Osten ein Schnäppchen machten noch einen Karrieresprung.

Es genügt, sich die Themen des aktuellen Wahlkampfes zu vergegenwärtigen, um zu wissen, was damals alles verpasst worden ist. »Ihr habt Euch vom Floß der Medusa aufs Achterdeck der Titanic gerettet« – mit diesen Worten soll der Kunsthistoriker Eberhard Roters den Beitritt kommentiert haben.

Viele der zu Frontstellungen verhärteten Positionen würden wieder ins Gespräch miteinander finden und damit zu dringend notwendigen Differenzierungen und Abstufungen, wenn der Westen seine innere Blockade gegen kritische Selbstreflexion anginge, statt sich diese mit Hilfe eines Sündenbocks vom Hals zu halten. Dem Ostbeauftragten sollte daran liegen, ein Anreger und Moderator dieser Diskussion zu sein, statt darauf zu warten, dass seine Schutzbefohlenen aussterben.

»Vergiss niemals, wer darüber entscheidet, welche Wahrheit in mein Buch gelangt.«

Das Offenlegen der Bedingungen, unter denen eine Geschichte geschrieben wird, sollte es den Leserinnen und Lesern ermöglichen, nicht die Empfänger einer Botschaft zu sein, sondern zu Gesprächspartnern zu werden.

Und das wäre, so meine Hoffnung, auch die angemessene Antwort auf die Frage, was meinen Roman mit Dresden und seinen aktuellen Entwicklungen verbindet.

Volker Braun
Drei Augenblicke des Ingo Schulze

Als mein kleiner Luten Flick mit dem Großvater in Dussmanns geräumiger Buchhandlung Asyl sucht, trägt er für die Nacht einen Vorrat Bücher zusammen, obenauf: *33 Augenblicke des Glücks*. Und *Rummelplatz, Die Weiber, Vor Mitternacht, Kybernetik und Gespenster*, ferner Watzlawicks *Anleitung zum Unglücklichsein*. »Er hatte sich nicht für eins entschieden und gerechterweise in viele Regale gelangt«, der Nichtsnutz, für den das Arbeitsamt nichts vorrätig hat. Vielleicht auch die Bücher nicht, bis früh die Reinigung kommt und er die Schätze unter das Sofa schiebt, damit sie gefunden werden. Zuoberst also Schulze – damit hatte ich den Stellenwert für mich notiert.

Wenn einer mit dem Vorsatz beginnt, »die anhaltende Diskussion um den Stellenwert des Glücks zu beleben«, und ihm so ein Wurf gelingt, hat er sein Thema gefunden. Der erste Augenblick gleich *ein Gelingen*. Dabei waren ihm, während des Umbruchs, »die Worte abhandengekommen« und er hatte sich in Annoncen artikuliert und in St. Petersburg ein Anzeigenblatt gegründet. Dort hätte ihn fast die neue *Smuta*, die Zeit der ökonomischen Wirren, zum modernen Bojaren gemacht. Aber Leningrad Petrograd Piter, wo er mit mehr Emphase die Wege Gogols und Brodskys ging, Raskolnikows gezählte Schritte von der Graschdanskaja bis in den Hof der Pfandleiherin, hat dem Zaungast die Zunge gelöst. Die Tage des Schwarzmarkts und die Weißen Nächte haben ihm den Stoff verschafft, aus dem man Gewinn und Aquise zieht. Er erlebt es am Leibe, der Sprache, die er gewinnt. »Das Hochgefühl«, sagt er, »um nicht zu sagen die Euphorie dieser Wochen galt ... einem unbekannten Raum, der sich plötzlich vor mir auftat« und im Sätzemachen entlud.

Es sind Geschichten ohne Titel – und haben alle ein Label, *Glück*. Diese geht verhalten los, genau gesagt haltlos: *Rußland kann man nur verlassen!* Der Erzähler kippt einen Unmutsschwall über seine Residenz, wie ihn kein Deutscher seit Conrad Bussos Chronik abzuladen gewagt hat. Selbst seine Heimatstadt hat der Dresdner Schulze mehr geschont und vornehm von einem Potjomkinschen Dorf gesprochen, sich wundernd, »daß die Leute auf dem Neumarkt nicht in historischen Kostümen herumliefen«. Petersburg verabscheut er im Detail, daß es schon liebevoll ist! Das erschrockene Lächeln der Bettlerin, der er, als sie sich übelriechend naht, einen großen Schein in die Hand drückt; sie küßt seine Sandalen und bemächtigt sich seiner Waden und schleckt ihn bis zum Hals, so daß er, beim Versuch sie zu beruhigen, auf den Rücken fällt und das Marktvolk zusammenströmt, das ihn gierig bedankt und ihn auf einen Ladentisch legt, um weitere Wünsche auf seine samtene Haut zu schreiben, Telefontatoos auf Stirn und Nabel und in die Achselhöhle – wie im Rausch, des Autors, der es geschehen läßt. Und wenn der Bedrängte den Sauplatz verläßt, unterm Vorwand abzureisen, hält ihn ein ganzes Volk fest, und ein glücklicher Aquisiteur hat sein Geschäft gemacht mit dem großen Rayon der Literatur.

Ein zweiter Augenblick, in einer anderen Sphäre. Ingo Schulze ist ein kommuner Kopf, er mischt sich ein, wie es Grass von den Ost-Kollegen verlangte. Und also, es war vor Mitternacht, an einem Montag, hörte ich im Radio eine Stimme, die mir bekannt vorkam. Tatsächlich: Ingo, er meldete sich von einem sog. Spaziergang zehntausender ungemütlicher Dresdner. Er war vor Ort und versuchte, sich ein Bild zu machen. Er horchte in die Leute hinein, *mir ham Angst um uns*, ein ganz unpolitisches Murren. Es sei nur immer vom Volk, nicht von der Gesellschaft die

Rede gewesen. Im Grunde »weiß ich gar nicht, worum es denen geht«. Aber er weiß, je präziser das Wort ist, desto politischer ist es. Das gilt auch für ein Unwort, das in Schwang kam, *marktkonforme Demokratie*. Er paßte es ab, als es die Medien passierte, er war vor Wort und widersprach der Kanzlerin in einem Statement von 13 Thesen *gegen die Ausplünderung der Gesellschaft*. Das war eine Aufzählung eher von andauerndem Unglück. Nicht hinten weit in der Türkei: in Berlin, in Brüssel, wo der Wahnsinn Selbstverständlichkeit werde und die Regierungen *die Märkte beruhigen* wollen durch marktförmige Politik. Nicht wo die Völker aufeinander schlagen: im Kernland des Kapitals, wo die Gewinne privatisiert und die Verluste Gemeingut werden. Das Gemeinwesen selbst trage Schuld, das sich nicht wehrt. Das war der Moment, als die Troika den Volksentscheid über die Sparpolitik in Griechenland unterband, die Geburt der Postdemokratie. Ich schrieb *Demos*, er fand die *13 Gründe, sich selbst wieder ernst zu nehmen*.

Wie er das literarisch tut, zeigt sein unheimlicher Heimatroman mit dem nicht eben buchpreistauglichen Titel *Die rechtschaffenen Mörder* und dem rätselhaften Schluß, der Kultursachsen fallen läßt wie vom Felsen herab. Ein Text, der wieder die *dresdner Denkart* befragt, und ein Schluß, der im Raum, am Abgrund steht, nur ein Hilferuf, und eine literarische Tat.

Zum dritten, zum heutigen Tag – jetzt sehen wir Ingo gleich, ein Permoserhaupt, ein barockes Lächeln: Permoser, das muß ich in Dresden nicht erläutern, der Nymphenbrunnen, die Mohrin, der Mohr im Großen Garten (sie sind nicht rassistisch) – wir sehen ihn also, zu meiner Freude den Dresdner Kunstpreis empfangen, in der handfesten Form eines Apfels wie von den lockwitzer Streuobstwiesen ... aber jetzt stocke ich, wo ist, hier liegt kein Apfel ... schwer und reif: aus Kupfer, und glänzend, wenn man die Wangen reibt. In der Heimat gepflückt, ist er der schönste Preis und ruht auf dem Schreibtisch ... da hilft mir jemand, Jutta!, aus der Verlegenheit und holt einen Apfel aus der Tasche ... auf dem Schreibtisch, man kann die Hand darauf legen. Nun kommt der glückliche Augenblick, wo ihn Ingo Schulze in Händen hält.

Dresden, am 3. Juni 2021

Nachweise der Erstdrucke

Nachtgedanken. Mythos Dresden, EV Süddeutsche Zeitung vom 31. März 2006, erschienen in: Was wollen wir, © Berlin Verlag 2009

Ziviler Ungehorsam. Der 13. Februar 2010 in Dresden, EV Süddeutsche Zeitung vom 16. Februar 2010, erschienen in: Was wollen wir, © dtv 2011

Pegida – Die nützlichen Idioten? EV (engl.) Guardian vom 31. Januar 2015, deutsch Süddeutsche Zeitung vom 3. Februar 2015

Dialog, 30.11.2015, gegen 19.30 Uhr, EV Die Zeit vom 14. April 2016

Unter falscher Flagge, EV Süddeutsche Zeitung vom 28. Oktober 2020

Wie wir unsere Vergangenheit sehen, bestimmt unsere Zukunft, EV Berliner Zeitung vom 6. April 2021

Offener Brief an Jörg Bernig, unveröffentlicht

Dresden wieder sehen. Dankrede zur Verleihung des Dresdner Kunstpreises am 3. Juni 2021, EV (gekürzt) Süddeutsche Zeitung vom 8. Juni 2021

Volker Braun: Drei Augenblicke des Ingo Schulze, unveröffentlicht

Bibliografische Information der Deutschen Nationalbibliothek
Die Deutsche Nationalbibliothek verzeichnet diese Publikation
in der Deutschen Nationalbibliografie; detaillierte bibliografische
Daten sind im Internet über http://dnb.d-nb.de abrufbar.

Zweite Auflage
© Wallstein Verlag, Göttingen 2021
www.wallstein-verlag.de

Vom Verlag gesetzt aus der Nexus Serif
Umschlaggestaltung: Wallstein Verlag
Druck und Verarbeitung: Hubert & Co, Göttingen

978-3-8353-5119-6